JN190811

博士の愛したDT

The Doctor's Beloved DT

［著］谷口つばさ

［監修］ぐんぴぃ（バキ童）
上田ピーター

KADOKAWA

Self introduction

自己紹介

――「恥ずかしい話」

「恥の多い生涯を送ってきました」

昔の人がこんな至言を残してくれたおかげで、後世の我々はだいぶ恥の多い生涯を送りやすくなったんじゃないでしょうか。太宰ニキありがとう。そんな現代の連中のなかでも、僕はとりわけ恥をかいております。

申し遅れました、バキ童ことぐんぴぃです。街頭インタビューを受けた様子がネット上に拡散され、いわゆるネットミームとしていじられた、たわいもない童貞のおじさんです。華がなさすぎる芸人「春とヒコーキ」の片割れでもあります。

2019年4月、早朝。バイト帰りに新宿を歩いていたら「世界に比べて日本は童貞率・処女率が高いというデータが発表されましたが、どのようにお考えですか」という街頭インタビューを受けました。夜勤明けで気が大きくなっていた僕は（人間は夜勤明けが一番気が大きいですから）「誠に遺憾ですね、残念です」といっぱしの有識者のような回答を披露。直後、「ご自身（の性経験）は？」という際どい質問にも

「あ、僕バキバキ童貞です」とカメラに向かって発言してしまいました。

番組が放送されると「往来で性経験のなさを発表する奇人」としてSNS上で迎えられ、僕がいい年して一度も女性に受け入れられたことがない情けない童貞であることが、日本中に報道されてしまいました。

身内やら全てにバレました。職場、友人や親戚一同からも蔑まれるようになりました。街歩く人にも「あ、童貞！」と指を差され、丁寧な人でも「間違ってたら失礼ですが童貞の方ですよね？」（合ってても失礼）などと声をかけられる羽目になりました。

以前は、童貞であることを隠して生活していました。なんなら「彼女は全然いるよ、よく公園でデートとかしてる。奢(おご)りすぎてもう金欠ｗ」みたいなホラも吹いていたので。全てが明らかになった後、特にバイト先の女性たちの視線が耐え難かったです。バイトリーダーだった僕は不真面目なスタッフがいたら注意するのも仕事でした。

あるときサボりがちな大学生を叱ったら「いいんですか僕のこと怒って？　街頭インタビューのこと全員にバラしますよ」と凶悪な脅しを喰らい、以降そいつに媚びへつらう時期もありました。ギャル上がりの女上司がニヤニヤしながら近づいてきて、耳元でぼそっと「ＡＢＥＭＡ　ＮＥＷＳの童貞クンｗ」とささやいてきた時は辛かったけど、さすがにエロさが勝ちました。

その後、人生が無茶苦茶になったついでにＹｏｕＴｕｂｅを始めました。人に勧められたからでした。

当初はＹｏｕＴｕｂｅ開設には猛反対しました。ネットのおもちゃとしていじられた人間がそれを活かしてメディアで発信する行為のサムさ・痛さは分かっているつもりで、今でもたまに鳥肌が立ちます。

一方で、そんな人は過去にいないから面白いとも考えていました。ケツに花火を突っ込んでピャーピャー火を噴いて踊ったらめちゃくちゃ恥ずかしいけど、そんな最低な奴はいないからウケるのは分かる。カスのたとえで恐縮ですがまさしくそんな気持ちでした。とにかく恥ずかしかった。でもみっともない部分を見せてナンボだろう、なんて芸人的な気概が後押ししてＹｏｕＴｕｂｅｒ活動もスタートしました。

「誰が見るんだ」がコンセプトのバキ童チャンネルは誰も想像しなかったほど見られるようになりました。登録者は３年で１００万人を超え、ここまで来るとバキバキ童貞になったことが悪いことばかりとは言えなくなってきました。

ドラマに出演して国民的スターと共演させてもらったり、映画の主演が決まったり。若手芸人のキャリアで考えると信じられないことばかりです。ズルいと思う方もいるかもしれません。沢山のセクシー女優の方とお会いする機会がありました。ズルいと思う方も増えたでしょう。

なかでも素敵な出来事の一つが、ピーター博士との出会いでした。本名、上田ピーター。北欧スウェーデンに住む医者であり、東京大学の研究員でもある。私財を投げ打ち童貞について研究する変わり者で〝バキバキ童貞〟の元凶でもあります。知らない方のために、なぜ元凶なのかは本文で解説します。

会う前は童貞を研究するなんてロクな人間じゃないと決めつけていましたが、実際は非常に面白いナイスガイで、今ではしっかり友人です。なんとも数奇なご縁だと思います。バキ童チャンネルでは彼の研究を聞く回も人気ですし、博士を訪ねてスウェーデンに向かうなど、この友情はあの街頭インタビューがなければ起きなかったことの一つです。ただし友情と感じているのは僕だけで、研究対象のマウスのように監視されているのでは、とゾッとする瞬間もあります。

博士の研究の話を聞くのが好きでした。なぜ日本は童貞率・処女率が高いのか。童貞卒業には何が必要なのか、海外では童貞はどう捉えられているのか、なぜ僕は童貞なのか、など。他に類がないほどユニークで、学術的な専門性もありながら、恋愛に苦しむ自分を救ってくれそうな実学的な一面も持ち合わせています。

彼の研究がもっと知られて欲しいと考えていました。童貞であることがそんなに悪いのかよって、言ってもらえるような気もして。それって恋愛至上主義の世界観から脱出できる蜘蛛の糸なんじゃないかな、なんて。

そんなわけでピーター博士との本を出すのが目標でした。そのためにチャンネル登録者をしゃかりきに増やし、念願が叶いました。

ただ問題がありました。自分の人生について書くことがどうにも気恥ずかしくて、筆が進みません。気づけば加速度的に忙しくなっており、腰を据えて本を書く時間が捻出できなくなりました。企画が立ち上がって長い月日が経ってしまいました。ピーター博士はスウェーデン語と英語は堪能ですが、日本語は書籍を執筆できるレベルではないとのことでした。

解決策として、信頼できるライターの方に取材をもとに土台を書いてもらい、それを修正させてもらう方法を採りました。

どうせなら、僕らのことを昔から知っている人がいい。なおかつ僕らがOKを出せる文章力を持つ人物。すると、ある人物が頭に浮かびました。谷口つばさという男です。同期の芸人にして、文才にひときわ優れた文筆家でもある。僕は芸人になってすぐの頃、よく彼の文章を真似してブログや告知文を書いていました。後述しますが、バキ童チャンネルの方向性は彼が昔開催したライブに端を発しているし、バキ童になる前から僕のことも知ってくれている。百合(ゆり)とオホ声とVRに精通している紳士でもあります。お願いしたところ、快く引き受けてくれました。彼が取材をしてくれたおかげで初めて話せた話もあります。

奇特でくだらない本になりそうですが、赤裸々に書きますので、童貞の人にも、童貞を笑う人にも、そもそも興味ない人にも読んでもらえたら幸いです。

2024年12月　クリスマスに怯える頃に　ぐんぴぃ

はじめに

Introduction

「レドビの旦那、僕の本を書いてくれませんか？」

深夜、急にかかってきた電話でそう言われた。

わたしの事を「レドビの旦那」という意味不明な呼び方をするのは、ぐんぴぃしかいない。

いきなりで何が何だか分からなかったが、話を聞いたらこういう事だった。

「ぐんぴぃが本を出す事になった」
「自分で書こうとしたが、執筆をする時間がない」
「知り合いで誰か文章を書ける奴はいないか」
「あいつがいるよ！　電話しよう！」

よく分からないが凄いスピード感だった。

ぐんぴぃから「ライブに出て欲しい」というオファーを受けた事はあるが、まさか「本を書いて欲しい」というオファーが来るなんて思いもしなかった。

驚きはあったが、すぐに「是非」と返事をした。

自分にできるかどうかという不安は勿論あったが、それ以上に「何か面白そう」という予感がわたしを動かした。

ぐんぴぃはいつだって「何か面白そう」を運んでくる男なのだ。


わたし、谷口つばさは、年齢や学年は違うが、ぐんぴぃが組んでいるコンビ「春とヒコーキ」とは芸人として同期にあたる。以前は「レッドブルつばさ」という芸名で活動していたので、ぐんぴぃが「レドビの旦那」と呼ぶのはその名残だろう。

一年目の頃から、彼らとは同じライブに出ていた。何がきっかけで仲良くなったのかは覚えていないが、ネタを見てお互いに「なんかキモいなあ」と思っていたのだろう。

ネタも平場(ひらば)のトークも面白く、信頼がおける二人だったので、わたしがライブを主催する時は必ずと言っていいほど春とヒコーキに声をかけていた。

『「こんなキモいネタ、姪(めい)っ子の前でやってもいいのか？」という不安をみんなで解消するライブ』や『男女コンビに〝付き合ってるの?〟しか聞かない最悪MCを皆でボコボコにする会』など、様々なライブに出てもらった。「そんなライブがあるのか?」と思われるかも知れないが、かつて確かに存在したライブたちだ。

どんなライブでも存在感を発揮する二人だった。この人たちはいつか絶対に日の目を見るだろうと思っていた。

そして、実際に日の目を見る事になった。

全く予想していなかった「バキバキ童貞」(バキ童)という言葉で。


「バキバキ童貞です」という言葉を発してから、ぐんぴぃの人生は変わっていった。

それが良いか悪いかは本人にしか分からない。しかし、変わっていった事は確かだ。

そして、バキ童誕生に深く関係しているのが、医師でありながら童貞についての研究をしている上田ピーター博士だ。

彼の研究がきっかけで「ABEMA　NEWS」の街頭インタビューが行われ、そしてバキ童が生まれた。更にそれが、YouTubeの「バキ童チャンネル」に繋がり、今ではチャンネル登録者数が１８０万人を超えている。

真剣に童貞について研究をしていただけなのに、まさか稀代のネットミームを生み出してしまうなんて、本人も思っていなかっただろう。

そもそも出会うわけもなかった二人だ。

芸人と医師。日本とスウェーデン。立場も育ってきた環境も何もかも違う二人。

童貞の研究をしていなければ。あの日インタビューに答えていなければ。

バキ童もマッドサイエンティストも生まれていないし、わたしがこの本を書く事もなかった。

全ては偶然。だが、偶然が繋がっていくから人生は面白い。

ぐんぴぃを見ていると、心の底からそう思える。

この本はぐんぴぃとピーター博士、それぞれの人生と二人の交流をメインに書いていく。

最悪とも言える出会いを果たした二人だったが、王道ラブコメよろしく、交流を深めるにつれて互いになくてはならない存在になっていった。

二人を繋ぐものは一体なんなのか。

もしかして友情なんてどこにもなく、ただ「童貞」という研究目的で繋がっているだけなのか。

二人は今後どこに向かっていくのか。

個人的に興味がある事ばかりだ。

わたしが代表して、動画には映らない彼らの本心に迫っていく。

谷口つばさ

The Doctor's beloved DT
CONTENTS

第2章

童貞たちの沈黙 061

第3章 ネットミームはどう生きるか

第4章 博士の異常な執着

撮影　水上俊介
画像提供　株式会社ＡｂｅｍａＴＶ
ブックデザイン　菊池祐
制作協力　株式会社タイタン

第0章

人生が凝縮された40秒

オランダ旅行で起きた些細な大事件

40秒間、誰も動けなかった。
目の前には困っている女性がいる。
だが、誰も動けなかったのだ。

ぐんぴぃはYouTubeの撮影でオランダにいた。
その旅の終盤にオランダ人のYouTuber、エラ・フレイヤさんと急遽会える事になった。

エラさんは日本各地を旅して紹介する動画が人気で、ゲーム『バイオハザード RE：4』のヒロイン・アシュリーのフェイスモデルを務めた事でも有名だ。SNSの総フォロワー数も305万人を超えている。

緊張するぐらい美人のエラさんに会えるとなり、にわかに浮かれ出すぐんぴぃ。現地にある日本のアニメグッズ販売店で福袋を購入し、手土産の用意も抜かりない。

アムステルダム国立美術館で待ち合わせをし、ついに彼女と対面する。

「これは凄い事ですよ……凄い事なんです」「チャンネルに出てくれるわけないと思っていたから」「感無量です」と念願が叶い喜ぶぐんぴぃ。

一緒にいられる時間が1時間しかないため、30分ほどトークをして残りは館内を散策する事になった。短い時間の中で焦りながらもエラさんを楽しませる事に尽力する。

そして、ついにお別れの時間が訪れる。

「ありがとうございました。バイバイ～！」と手を振り、離れるエラさん。

そこで、わずかな異変に気づく。

エラさんが着ていたコートのベルトを締めようとして、何度も空振っていたのだ。

理由は、ただ単にベルトが服から抜けて地面につき、手が届かなかっただけ。わたしたちの日常でもよくある、何でもない光景だ。

「ベルトが抜けていますよ」と声をかければすぐに彼女は気がついて、解決していただろう。

しかし、誰も動かなかった。

ぐんぴぃを始め、その場には何人も人がいて「なんかミスってる？」と異変には気づいたが、ただ見ているだけだった。その時間は約40秒。明日には全員が忘れているような、些細な日常の一シーンだ。

ある一人を除いては。

ピーター博士の残酷な分析

「あれは生き様が凝縮された40秒だった」

同行していたピーター博士が興味深そうに語る。

カメラを回していたピーター博士にとって、その40秒は研究対象として面白いものだった。

あの場における正解は「目の前に困っている人がいたら助ける」である。それは「男性だろうが女性だろうが関係ない」事だ。

だが、誰も動かなかった。「躊躇（ちゅうちょ）」したのだ。その「躊躇」が「キモさ」に変わっていく。

「自分の行動によって他人がどう思うのか？」という事を考え過ぎない人は、誰かが困っていたらすぐに助けようとする。しかし、ぐんぴぃを始めその場にいたみんなは考えてしまった。その瞬間に色々な分析が脳みその中で処理されて「今行ったら下心があると思われてキモがられるかな？」「自分が近づいていいのかな？」「ＹｏｕＴｕｂｅの撮影は終わった後だから、今はもう他人になってしまったんじゃないか？」「恩着せがましいのでは？」と。

考え過ぎて冷静になれなくなり、みんなそこで立ち止まってしまったのだ。

自意識過剰のなれの果て。

そして、エラさんが困っている様を「立ちすくんだまま見る」という情けない40秒が生まれた。

きっとこのようなシチュエーションが初めてだったわけではない。

人生の中で幾度となく繰り返されている事だ。

その最初。例えば中学生の時に、困っている異性に声をかけられなかったから、躊躇する思考回路がどんどん強くなり、身体に染みつき、今はもう習慣化してしまっている。

「緊張して、立ち止まって、動けないけど見てしまう」というパターンだ。

どうしようか迷っている姿がキモくなってしまう。それは「今まで一番長い40秒」だったとピーター博士は述懐する。


研究者らしく、目の前に起きた事を的確に言語化するピーター博士。

本来であれば、友人のぐんぴぃがそのような状況に陥ったら同情して慰めるものだが、彼は違う。

「俯瞰して考えてみたら、面白くてしょうがない」と吹き出して笑っていた。

研究対象として興味深い事例が目の前で起こり、嬉しかったのだろう。分析をする彼の顔は輝いていた。

「キモい」とは一体何なのか

「困っている女性を眺めているだけなんてキモい」という指摘はぐんぴぃにとって青天の霹靂だった。

例の40秒間の自分がキモいなどとは夢にも思わず、戸惑っている彼女の姿を見て「かわいいなぁ……」という平和な感想を抱いていただけだった。

キモさは躊躇から生まれる。そして、キモさは得てして無自覚なのだ。

自分の行動がキモいと分かっている人は、実は大してキモくない。

気持ち悪いと分かったうえで不快な言動をする、というのはあくまで「キモいボケ」にすぎない（ハラスメント目的じゃない限り）。

だが、本物は違う。他人から指摘されるまで、当人は気がつかないし、それほどまでに習慣化している。

あの40秒には本当のキモさが詰まっている。


ピーター博士に指摘されたぐんぴぃの反応は「心がモテるようになりたい……本当に悔しい」だった。

「お金をどれだけ持とうが、どれだけ整形をして格好よくなろうとも心は変わらない。心が欠けている」とずっと悔しそうにしていた。


楽しそうにしているピーター博士と悔しそうにしているぐんぴぃ。

同じものを見て、全く違う感想を抱く対照的な二人だ。

ぐんぴぃもそうだがピーター博士にとっても「生き様が凝縮された40秒」ではないだろうか。


凝縮された40秒の、凝縮された部分をゆっくりと探っていけば、より二人の事が分かるかも知れない。

そういえば、ぐんぴぃはエラさんにお土産として『デスノート』を渡していた。
全部ひっくるめてわたしは思う。
人間は面白い。

第1章

2017年フリー芸人の旅

俺の話を聞いてくれ

とにかく聞いてほしい、耳を傾けてほしい。

親から「ちょっとでいいから黙ってくれないか」と言われるほどよく喋る子どもだった。

聞き手を楽しませたり、笑わせたりするために話をしていたわけではなく、ただ単純に口数が多かったのだという。

本人の中で転機になったのは中学生の時。勉強もスポーツも得意ではなく、清潔感もなければ、愛嬌もない。デブモブ陰キャ（本人談）で、普通にイジめられる子だった（急にパンツを脱がされたりした）らしい。

その当時、「ワダくん」というクラスメイトがいた。

彼はぐんぴぃとほぼ同じ見た目だったにもかかわらず「面白い」という理由だけで人気を博していた。

ぐんぴぃ少年は人気者になるために彼の一挙手一投足を真似することにした。

「自分の言いたい事ではなくて、面白い事を言えば人気者になれるんだ」

理屈は通っているが、実践するのは容易ではないだろう。だが、ぐんぴぃは実際に「面白い事だけを言おう」と決めてそれを実践した。

その結果、ワダくんほどではないが段々と人気者になっていった。「変な奴だ」といじられるようになり、話も聞いてもらえるようになった。

「話をしたい＝脳内で考えている事を話す」というわけではなかった。簡単に言うとエピソードトークに近い事をしていた。

「父親に殴られた」とか「弟が風呂に入らない」といった身の上話をバカ話として披露していた。これらは普通に話せば心配されてしまう事かもしれないが、「こんな大変な事があってさあ」という語り口で話すと聞き手はつい笑ってしまう。

「人生は近くで見ると悲劇だが、遠くから見ると喜劇だ」というのは、喜劇王チャーリー・チャップリンの言葉だが、まさにぐんぴぃはこの言葉を実践していた。

生きるというのは辛い事だらけ。しかし、その悲劇を「こんな辛い事があった」と話のタネにすれば、その事実からは少し距離を置く事ができる。

エピソードトークとして笑いに包んであげれば、更に距離を置ける。自分の身に降りかかった不幸ではなく、笑ってもらえた幸福な話に変わる。

辛い出来事を笑いに変えるというのは、後に訪れる「バキ童誕生」にも繋がる事だろう。

芸人は不幸な話を面白い話に昇華する事が多い。不幸は距離を取って聞けば面白いという事を知っているからだ。

芸人になる前から、ぐんぴぃはそれを実践していた。

「笑わせない芸」こそ面白い！

ぐんぴぃは落語から大きな影響を受けている。

相方の土岡哲朗とも、青山学院大学の落語研究会で出会っている。

最初は立川談志の『鼠穴』を聴いて落語にハマった。

余談だが、わたしがかつてぐんぴぃに落語のオススメを聞いたら真っ先にこの『鼠穴』を薦められた事がある。

主人公の蔵が火事になり全財産を失い、そこから不幸が重なり人生に絶望して首をくくる。しかし、それは夢だった。その主人公が「夢は土蔵の疲れだ」と言われるオチなのだが、全く意味が分からなかった。

調べたら「夢は五臓の疲れ（夢を見るのは五臓の疲れが原因）」という言葉にかけた駄洒落だった。「なんじゃそりゃ」と思わず口に出た。

そこまで壮絶な話が続いて、最後に知らない言葉の駄洒落で終わるのが納得いかなくて、ぐんぴぃに話したが「落語ってそういうものなんですよ……」と寂しそうに言われた。ごめんね。でもまだ納得がいっていないです。ちなみに土岡に薦めてもらった『千両みかん』はオチが面白くて気に入っている。


立川談志は、古典落語を現代的な価値観・感性で表現し直すという野心的な活動を続け、落語家のみならず数多くの人間に影響を与えた。

談志の落語で有名な演目に『死神』がある。

最も標準的なオチは「自分の寿命を表すろうそくの火が今にも消えそうになっていて、他のろうそくに移そうとするが手が震えてうまくできず、〝あぁ、消える……〟と言ったのちに倒れ込む」というものである。

その他にも、火を移す事に成功するがくしゃみで消してしまう、コミカルなオチや、死神に「今日がお前の誕生日だ」と言われて、バースデーケーキのろうそくを消すように自分で吹き消してしまう、という練られたものも存在する。逆に成功して生きながらえる、などその内容は多岐にわたる。

そんな中、談志は「火を移す事に成功するが、なんの脈絡もなく死神が火を吹き消す」という最悪のパターンを生み出している。あまりにも暴力的なオチで、死の理不尽さを描いたと評されている。

落語の新しい道を切り開いていった立川談志とは対照的な同世代の落語家に、柳家小三治がいる。

ぐんぴぃにとって小三治は「一番好きで理想的な落語家」だという。無駄な味付けを全くしない、100年前の落語をそのままやっているような人だった。しかし、それが大きな魅力となっていた。

ぐんぴぃが目にした小三治の演目で『初天神』というものがある。

縁日で子どもが父親に色んなものを買って欲しいとねだる、というありふれた内容なのだが、それで大爆笑を掻っ攫うのだという。

談志のように大胆な味付けをするわけでもなく、古典のまま演じているのだが、その演じ方が上手過ぎて本当に「縁日に来た父親と子ども」に見えて、目の前で生きている二人の人間がやり取りをしているように思えてくる。観客はいい意味で油断して、吹き出してしまう。

　小三治は「あざとい形では笑わせない芸」を目標としていた。古典落語は元が滑稽な話なのだから、きちんとすれば無理に笑わせようと思わなくても人は笑うという信念を持ち落語をしていた。新しい風を吹き込ませていた談志とは、全く違う道で古典落語を演じていたのだ。

　春とヒコーキがアマチュア時代に活動していた頃の名前は「ポピンジ」と言う。そして、ポピンジの名前の由来は小三治なのだそうだ。

「ポピンジ」と「コサンジ」。

　分かるような分からないような、絶妙な距離にある由来だが、落研時代からの友人でＹｏｕＴｕｂｅにも何度も出演している芸人の町田からは「本気で芸人をやる気なら、その名前はやめてください。覚悟がなさ過ぎる」と言われたらしい。ぐんぴぃは抵抗したが、ある時コンビ名を「チンポジ」と間違えられ、改名を決意した。本当に春とヒコーキというコンビ名にして良かったとわたしも思う。「チンポジのバキ童」はさすがにひどすぎる。

土岡は落語の天才だった

「僕は脳内を見せたくないけど、土岡は逆に脳内を見せたい人だと思う」ぐんぴぃの中で土岡は「脳の中を見せる事がそのまま面白くなる人」だと言う。

土岡も落研時代から古典落語を演じてきたが、その内容は独創的なものばかりだった。古典の「ここは面白くない」と思った部分を、全て自分のオリジナルに変えてきた。

わたしも土岡の落語を何度も聴いた事がある。とある演目を聴いた時に、後半の展開がそれまでと比べて格段にアクロバティックで面白くなっていて「特にその部分が面白かった」と伝えたら「あれ、全部オリジナルです」と言われて仰天した事がある。元々ある部分は前半で、本来はそこで終わるはずなのに付け足して更に面白くしていたのだ。その時、この人は本当に凄いし、落語ってそこまで自由にしていいんだ、と衝撃を受けた。

土岡の落語は、古典落語を改変し続けていた談志を彷彿(ほうふつ)とさせる。

芸人は大きく二つに分けられる。

「考えが面白い」か「表現が面白い」かだ。

頭で考えている事がいくら面白くても、それがしっかりと表現されなければ面白さが伝わらない。伝わらないと当然ウケる事もできない。

逆に完璧に表現できて、考えている事がしっかり伝わったとしても、肝心の内容が面白くなければウケない。

コンビは役割分担をする事が大切だ。

二人とも「考えも表現も面白い」のであれば言う事はないが、そんな事はめったにない。人間は必ず何かを持っていれば、何かを持っていない。それを補うために他人と組んで生きていくのだ。

コンビはどちらかの考えが面白く、どちらかの表現が面白ければそれでいいのだ。

その考え方でいくと、春とヒコーキは理想的なコンビだと言える。

あのファイナリストのせいで就職!?

高校時代、ダウンタウン松本人志の著書『遺書』に影響を受けたぐんぴぃは、将来は芸人になる事を志す。

それどころか、思春期特有の尖（とが）りもあっただろうが「自分は誰よりも面白い。松本人志を倒す」とまで思っていた。

青山学院大学に入学し落研に入ったぐんぴぃ。自分が一番面白いと思いながら大学生活を過ごしていたが、そこで初めて自分より面白いと思える人間に出会う。

それが土岡だった。

「自分は将来芸人になる」と思っていたのに、大学卒業後、一度就職したのには理由があった。

「他の大学の落研で圧倒的に落語が面白かったのに、落語家にも芸人にもならずに就職した人がいたんですよ。それがきっかけで、落研の人間が一斉に芸人になるのをあきらめたんです。あいつが無理なら俺たちも無理じゃん、って」

その人物が、2024年のR-1グランプリで、アマチュアながらも決勝進出し、四位という好成績を残した「どくさいスイッチ企画」だった。

「僕はバカだったから結局芸人になっちゃったけど、少しでも頭が良くて現実が見えている人はみんな就職したな」

「自分が一番面白い。芸人になれば天下を取れる」と思って落研やお笑いサークル、芸人の養成所に入ってくる者は多い。そして、ほとんどがその過程で「自分より面白い人がこんなにもいるのか」と愕然（がくぜん）とする。自分たちの面白さの順位を大体理解してしまう。皆、一度は絶望を経験してからスタートするのだ。

ぐんぴぃは芸人にならずにブックオフに就職する。

しかし、その間も芸人になる事を完全にあきらめていたわけではなかった。

「落語家は、『なる前にまず100万円貯(た)めた方がいい』ってよく言うらしいんですよ。前座はバイトをしてはいけないから。それに近い感じかな」

すぐに芸人になる事は躊躇したが、それでもまだ見据えてはいた。

そこには、やはり土岡への信頼があった。

「働きながら、土岡から誘ってくるように仕向けていた節はあったかも。土岡と一緒にいたら間違いないだろうな、みたいな感じはあった」

そこからはお互いのフィールドで過ごす事になる。

ぐんぴぃはブックオフの店長として「レジ横にエロ本を置く」というパワープレイで全店舗売上一位を記録する。

一方、土岡はニートとして引きこもり、深夜アニメをひたすら観て吹奏楽のアニメにハマった結果、縁もゆかりもない高校の吹奏楽コンクールを観に行く、など悠々自適なニート生活を送っていた。

そして紆余曲折を経て、2017年4月に春とヒコーキは結成される。

ブックオフのスケベ店長とスーパーニートによるゴールデンコンビの誕生だった。

芸人人生を救ってくれたオーディション

芸人の生態。特にフリー芸人の生態を知っている人は少ない。芸人同士ですら、「事務所に所属しないで、どうやって活動しているの？」と言うぐらいだ。

一旦、説明します。

芸人はまず事務所に入る事が一般的だ。そして、事務所に入るには二つの方法がある。

一つは各事務所が運営している養成所に入学するという方法。吉本で言う「NS

C」、タイタンで言う「タイタンの学校」の事だ。大抵、入学金を払い一年間お笑いの授業を受ける。そして、そのまま事務所に所属する（養成所に通ったが所属できないというパターンもある。かわいそうすぎる）。

もう一つは、オーディションに合格し事務所に入るという方法だ。入学金を支払う必要がなく、授業を受ける必要もない。ただ、そのためには厳しいオーディションを勝ち抜く必要がある。

春とヒコーキは、養成所に通わずにフリー芸人として活動を始めた。

だが、始めたてのフリー芸人にライブをオファーしてくる人はほぼいない。主な出演ライブは、自らがお金を払い出演するエントリーライブが多かった。

エントリーライブは、主にライブを制作している団体が主催しているもので、コンビで3000円を払い3分ネタをする、というものが多かった。自分たちのお客さんをライブに呼べば少しお金が返ってくるが、それも一人につき500円程度。収支で考えればマイナスになる事が当たり前だった。

ライブで優勝できれば、その制作団体が主催している別のライブに出演できる権利を獲得できるが、多ければ50組ほどが出演する環境でそれも難しい。

お客さんを沢山呼べる人気のあるコンビが優勝しているのを間近で見ながら、何度も悔しい思いをした。

エントリーライブに出てもウケない、賞レースに出ても一回戦落ち。

そんな中、初めてちゃんとウケた場所がマセキ芸能社のオーディションだったという。

「ここなら自分たちを受け入れてくれる」

そう思った二人は、ひたすらオーディションに通い詰める。

当時のマセキ芸能社のオーディションのシステムは、一か月に一回開催されるオーディションでネタを披露し合格したらライブに出演する事ができる。そのライブに一年ほど出続ける事ができれば、無事に所属できるというものだった。

オーディション挑戦の一回目の漫才は上手く行かなかったが、二回目からコントに切り替えると、それがウケて合格。オーディション組が出られるライブに出演できるようになった。所属への道を歩み始めたのだ。

わたしが初めて春とヒコーキを見たのも、このオーディションだった。

オーディションでは出番を待っている芸人たちが、会場の客席に座っている。所属を目指しているライバルの前でネタを披露するのだ。笑いなんてめったに起こらない。

そのオーディションで、わたしの出番の一つ前で笑いを起こしていたのが春とヒコーキだった。山で道に迷った人をテーマにしたコントをしていたのだが、その台本もさる事ながら、インパクトのあるキャラが印象的でよく覚えている。

しかし、後に判明したのだがその時のネタは本人たちの中ではスベったネタだったという。実際に、その回はオーディションに落ちてライブに出演する事ができなかった。

「10回連続で合格すれば所属が見えてくるけど、3回目から4回目も重要なポイントだったんですよ。そこであのネタをして落ちたから、土岡と少し喧嘩もしちゃった」

わたしの体感では確実にウケていたし、だからこそ印象に残っているのだが、あれでも自分たちの中ではスベっていたとは。悔しいが、かなりカッコいい。

「オーディションを勝ち上がってライブも一年以上は出演したけど、今思うと事務所にハマってたわけじゃなくて、単純にウケてたから出られてたんだろうな。だから、ウケが弱いと容赦なく出させてもらえない」

結局、春とヒコーキはマセキ芸能社に所属する事はできなかった。理由は「キモ過ぎたから」。何人もの芸人を売れさせてきた敏腕マネージャーにすら「どうやって売れさせたらいいか分からない」と匙を投げられてしまい（本当に当時はキモいし汚かった）、二人はタイタンの養成所に通う決心をするのだった。

しかし、このオーディションに挑戦した期間が完全に無駄だったわけではない。

後に、「キモシェアハウス」（※）と呼ばれる共同生活をする事になるメンバーも、マセキ芸能社所属芸人ばかりで、「レンタルぶさいく」ともこの時期に出会っている。

長い付き合いとなるキモい芸人と出会うための期間と考えれば無駄ではない。

（※）キツい・汚い・気持ち悪いと散々な評判の芸人が集い、開き直って不愉快に生活しているシェアハウス。かつてぐんぴぃも住んでいた。

和室でお笑いライブをする日々

当時は和室でお笑いライブをしていた。

和室でお笑いライブなんてできるわけがない、と思うかも知れないが、実際にしていた。

都内の区の施設で1000円程度で数時間使える格安の和室があったのだ。劇場を利用するには相当のお金がかかる（数万円〜数十万円ほど）。和室は、ライブを主催したいが普通の劇場を借りる事ができない芸人にとっての理想郷だった。

「和室が一番楽しかったし、面白かった記憶がある」とぐんぴぃは語る。和室のライブが盛り上がるわけないだろ、と思うかも知れないが、実際に盛り上がっていた。

お客さんが20人も来たら満員の狭い空間で、仕切りも何もないのに「ここからここまで舞台です」と言い張ってライブをする。部屋の奥に椅子や座布団が置かれている空間があり、そこを楽屋としていた。音響設備も照明設備もない。スマホから出囃子を流して、蛍光灯を点けて襖を開けて「どうもーよろしくお願いします」なんて言っていた。お笑いライブに憧れている子どもが、友達同士でお笑いライブごっこをしているみたいだ。そんなライブで何度も何度も爆笑が起こり、出演者も笑い転げていた。あの時の熱狂を今でもたまに思い出すが、あれは一体何だったのだろう。

ぐんぴぃは言う。

「お客さんが7人とか入ったら〝今日は沢山来てくれてる〟って喜んで……。勿論、手なんか抜かずに本気でライブをして……。今思うと凄い尊い時間だった気がする」

亜流のお笑いライブだったため、内輪でやっている感じもあった。それを良く思わない芸人もいた。

「ある芸人から、〝どうせ和室でやってる奴らだろ〟〝和室で楽しくやってな〟みたいな事を言われて……。それはずっと覚えてるな。和室の悪口を言うなよ、っていまだに怒ってますよ。最近手の平を返してきたけど、露ほども許してないな」

ぺんぴぃは最悪MCにうってつけ

「和室界隈」という言葉で揶揄される事もあったが、気にせず自分たちがしたいライブをずっと続けていた。その中で芸人としてぺんぴぃの能力の高さを目の当たりにした和室のライブがある。

わたしが主催をした『男女コンビに〝付き合ってるの？〟しか聞かない最悪MCを皆でボコボコにする会』というライブだ。

今となっては当たり前になっている男女コンビだが、当時は（特にライブシーンにおいては）まだ少し珍しい存在だった。多様性やコンプライアンスという言葉が少しずつ世間に浸透し始めた時期ぐらいだったと思う。

ライブに出ると「平場」と呼ばれるトークをする時間がある。

その平場でMCである先輩芸人が、男女コンビに「二人は付き合ってるの？」とか

「異性として好きになったりしないの？」と話を振る事がよくあったのだ。わたしも同じ平場にいて聞かれているのを見た事がある。

今思えば、歳が離れていてパーソナルな部分も知らない若手の男女コンビと会話をするきっかけの一つに過ぎなかったのだろう。

しかし、同世代の芸人たちの間では「男女コンビにそんな質問するなんてキモいよなあ」「なんて返せばいいんだよ」という話になっていたのだ。

「じゃあ、逆にそういうライブしようか」とそれぐらいのノリで開催を決めたのだった。

特に当時は自分の周りで何かが話題になっていたら、一週間後ぐらいにはすぐにライブをするという雰囲気があった。それが今後何かに繋がるわけでもなかったが、「面白そうだからすぐにライブにしよう」というフットワークの軽さは若手芸人ならではの動き方だったと思う。

ラランドなど知り合いの男女コンビに声をかけて、ぐんぴぃともう一人の芸人に「最悪MC」として振舞ってもらったのだけど、このMCがハマり役だった。

こちらからは「男女コンビに〝付き合ってるの？〟とか最悪な事を言うMCを演じてください」としか言っていなかったのに、ありとあらゆる最悪さを見せてくれた。

ネタを披露しているのにMC席でずっとなんか喋っているし、ネタ中の演者に話しかけるし、終わってからの平場でも「付き合ってるの？」とか「ネタ中にキスしろよ」とか滅茶苦茶な事を言う。

「本当にこういう人間かも……」と少し怖くなるぐらい上手かった。

フラストレーションが溜(た)まったところで勇ましい音楽が流れたら、「男女コンビがボコボコにする時間」という事で反撃開始となるのだけど、このやられっぷりもとにかく上手い。

反論されるだけではなく場外乱闘も始まりボロボロにやられるわけだが、この「やられ役」ができるというのは芸人にとって大きな才能だ。

芸人の平場ではよく「いじり」や「いじられ」が発生するが、上手く対応しないとただの「いじめ」のようになってしまう。いじられている時に可哀(かわい)そうに見えずに、笑いに繋げられるのは凄い事だ。技術や経験で補える部分もあるとは思うが、大部分は人柄によって決まるとわたしは思っている。

　この時のぐんぴぃは普通の人がやられると全く笑えないほどボコボコにされていたが、その一挙手一投足で爆笑を生み続けていたのだ。

「ぐんぴぃには膝がない」と最初に認識したのもこの時だった。

　最悪MCだから椅子に座って偉そうに脚を伸ばす、という事をしていたのだが「あれ？　膝、なくない？」とその時に誰かが言って判明したのだ。

「最悪MCとかは一旦どうでもいい！　膝ないぞ！」と冒頭で盛り上がり、そこから長時間笑い転げてしまって、趣旨から大きく外れて「ぐんぴぃの膝なしライブ」になるところだった。

「俺、膝ないのかよ……最悪だ……」とショックを受ける姿は面白くて仕方がなかった。

　そのショックを受けている姿も、他の人では少し「可哀そう」という気持ちが入ってしまい、そこまで笑いに繋がらないだろう。

しかし、ぐんぴぃのその姿は絶対に笑いになる。
それは芸人にとっては大きな武器となるのだ。

「インターネットな夜」に集った人たち

和室ライブに出ていた当時を振り返ってぐんぴぃは言う。

「とにかく楽しくて楽しくてしょうがなかった。自分たちは売れるのかっていう不安もないし、辞める事なんてよぎりもしなかった。特に、事務所に所属していなかった頃は、売れるために何かを頑張ろう、という感じでもなく、所属できたら売れるだろう、そのためにネタは頑張ろう、という感じだった」

ぐんぴぃに限らず、芸歴一、二年目の芸人はそのような認識で過ごしている人が多いだろう。

そんな中、ぐんぴぃは異質なライブに出会う。

「インターネットな夜」というオールナイトライブだった。

わたしともう一組の芸人の共催で「リアルの劇場でインターネットのノリのお笑いをしよう」という趣旨のイベントだった。

この日のために作ったインターネットネタを披露し（わたしは「バトルドーム」のネタで共催の芸人は「オンドゥル語」の漫才をしていた）、インターネットにまつわる様々な事件や動画（「五条勝が人気投票で一位」など）を紹介し、知り合いの芸人の素材で作られた音MADを見るなど、盛り沢山の内容だった。

「当時は、自分たちが好きなものを話す企画ライブは珍しかった。そういう事をしていいんだ、っていう気持ちと、それを同期の芸人がやるんだという気持ちもあった」

そもそも、ずっとネットの世界が好きだったぐんぴぃ。今より「ネットに救われてきた」と表立って言う人も少なく、ライブ自体が成り立つのかどうかも興味があった。

ぐんぴぃは出演者ではなかったが、絶対に観に行こうと決心した。

当日、終電がなくなった午前1時。

当時住んでいた中野区野方からライブ会場の新宿まで行きたいが、タクシーを使うお金もない。「そういえばレンタル自転車っていうものがあるらしい」と急いで借りて必死に漕いで会場に向かった。

このライブは観た方がいい、という確信があった。何か自分のためになるかも知れない、というよりはただただ観ておきたかった。

結果的にこのライブもその後のぐんぴぃの活動の一つの指針となった。

「今後はこのライブみたいな事をしていこうと思った。自分が興味のある事をただ喋るだけでエンタメになるのなら、それをやっていきたい」

バキ童チャンネルではぐんぴぃがただ好きなもの、ただ興味のあるものを扱う動画も多い。

たまに視聴者から「5ちゃんねるの内容をそのままやってるだけじゃん」と言われる事もあるが、それも「ただ好きなものを話している」だけだと言う。

「たまたま自分が好きなものがインターネットだっただけで、それを話しているだけ。それがエンタメになり、コンテンツになる事も知ってる。『インターネットな夜』を観たから」

そのライブには、当時「フェー」というコンビを組んでいた篠原塁さん、現「レンタルぶさいく」も出演していた。

当初は「篠原の青鬼」という企画のためだけに呼ばれていた。ホラーゲームの青鬼の役を篠原さんにやってもらうというものだ。他の企画の時は客席の後ろに待機してもらって、青鬼のBGMが流れたら、無言で出演者を追いかけまわす。それを繰り返すだけだったが、迫力が凄まじく、とても面白かった。

終盤には篠原さんも舞台に上がってもらい、一緒に企画をした。

マニアックな話で申し訳ないが、わたしはニコニコ動画の「ブロリーMAD」が大好きだ。

『ドラゴンボール』に登場するブロリーというキャラを扱った動画で、その中でベジータが「なにぃ!?」と言うシーンが頻繁にネタで使われている。

なぜそんな流れになったのか分からないが、「ライブの最後に篠原さんにベジータのセリフを言ってもらおう」という事になり、ただ「なにぃ!?」とだけ言ってもらった。

いまだに自分でも分からないが、涙を流して笑うほどその光景が面白かった。

芸人になり、初めてのオールナイトライブの出演で、朝方まで好きな事で楽しんで最後に好きなセリフを面白い先輩に言ってもらう。そのセリフがなぜか「なにぃ!?」で……。

あの時の篠原さんの顔は一生忘れる事がないと思う。とことんまでくだらない光景が、差し込んでくる朝日と合わさって美しさすらあった。

ぐんぴぃも今でもあの時の篠原さんの面白さを覚えているという。

「普通のライブでは伝わらない言葉が飛び交っていて、範囲が狭ければ狭いほど面白いと気づいた。いま自分たちがやってる事と何にも変わらないね」

何に繋がるのか分からない。ただ目の前の事を続けていれば、いつか何かには繋がっていくものだ。

それは何も芸人だけに限らない。

その後、ただ目の前の研究を続けているだけだった博士と、ぐんぴぃの人生も深く繋がっていく事になる。

その博士のお気に入りは図らずも「レンタルぶさいく」と「ベジータ」だった。

第2章

童貞たちの沈黙

「ベジータ」と「自虐の笑い」が好きだった

ピーター博士がぐんぴぃやキモシェアハウスのメンバーと意気投合したのは、ある意味必然だったように思う。

上田ピーター博士。

スウェーデン人の父親と日本人の母親を持ち、生まれも育ちもスウェーデンだが、日本に住む祖父が漫画やアニメのビデオを送ってくれたため、子どもの頃から日本の文化にはよく触れていた。

特に好きなキャラクターは『ドラゴンボール』のベジータ、『クレヨンしんちゃん』のぶりぶりざえもん、『ちびまる子ちゃん』の野口さん。

主役のキャラではなく「自分の世界を持ち闇を抱えていて、主人公たちとは少し距離があり傍観者のような立ち位置」のキャラが好きなのだと言う。

「自分も彼らのように疎外感とか違和感を抱えていました。外から人の行動を見て分析して、その中で面白いものを見て、笑いを見出（みいだ）すのが好きだったんです」

子どもの頃のピーター博士はなぜ疎外感や違和感を抱えるようになったのだろうか。

子どもの頃、特に好きだったものが「自虐の笑い」だった。

漫画やアニメなどを通して日本の文化を学んでいく中で自虐の笑いを好きになり、自分でもその笑いを実践してみたが、周りの反応は芳しくなかった。

スウェーデンを始めとする欧米の自虐は日本ほど過度なものではない。欧米の自虐は行き過ぎると「自分をバカにする」という事が強調され過ぎて、見ている人たちが気まずくなり笑えなくなってしまう。

日本では、欧米のちょうどいいレベルを遥（はる）かに超えた領域で自虐が披露されていて、それが周囲にも認められている。

わたしは、欧米のコメディアンが舞台に立ち社会問題や人種問題をネタにして笑いを取っている姿を見た事があった。それも広い意味で自虐ではないかと思ったが、ピーター博士曰く、そういうわけではないらしい。

「例えば黒人のコメディアンが黒人のステレオタイプの言ってはいけない事を言って、観客的には〝お前、そんな事を言うのか！〟と笑う感じなので、自虐ではないですね。そして、言われてみればその通りだなとみんなどこかで思っている。それが開放的な笑いになっているわけです。例えば自分の人種とか文化など属性をけなすとか、ネタにするような笑いであっても、自分個人をバカにしているとは言えないですね」

言われてみれば、彼らは大きな括りの中の自分をその大きな括りごとネタにしているわけで、自分自身の事をネタにしているわけではなかった。

それに対して自虐はあくまで「自分自身」をネタにしている。

自身の容姿や学歴、職歴や状況などを自分で貶めて笑いにする。古くから芸人がネタにしたり、バラエティ番組で自虐的な事を言うタレントがいたりするので、日本人には馴染み深い。わたしも、子供の頃に見た『エンタの神様』で自虐を覚えた。

しかし、ここまで自虐を笑いにしているのは日本人ぐらいなのだという。

「スウェーデンの子どもたちと全然違うものを見て育っていたので、他の人と笑いのツボとか、笑いの枠組みとかがちょっと違っていました。自虐の笑いをやってみても文化に合っていない行動だったので、それでちょっと浮いていた感じはありますね」

世界各国を比べた時、日本人の自己肯定感が低いことはよく問題視されている。

自己主張を重要視し個人を重んじる欧米の文化と、集団の中の協調性を重んじる日本の文化的な背景が関係している。

自己肯定感が低く、他人から自身の「足りなさ」を指摘されたり、痛感する出来事があったりしたら辛いから先に自らそれを笑いにする。

そうする事で、自分のコンプレックスとなっている辛い部分から目をそらす事ができるし、笑ってもらう事で楽になれる。

わたしは自虐ネタをそういう風に解釈している。

自虐ネタをしている芸人さん。全然違ったらすみません。

特にスウェーデンなどの北欧は国民の幸福度が高い事でも知られている。

生きていて幸せだと感じている人が多い環境で「わたしはこんなに不幸なんです。笑ってください」と言われてもピンとこないのかもしれない。ピーター博士が自虐の笑いはスウェーデンには合っていない、とハッキリと理解するのはまだ少し後の事になる。

ゲームによって植え付けられた恋愛観

様々な日本の文化に触れる中で、ピーター博士が中学生の時に熱中したのが『ときめきメモリアル』というゲームだった。

『ときめきメモリアル』は1994年に発売された恋愛シミュレーションゲームで、以降もシリーズ作品がいくつも生み出されている。

各シリーズによって詳細は異なるが、基本的なゲーム内容は「勉強や部活動に取り組み主人公の能力値を上げていき、ヒロインから告白を受ける」事を目的としている。

この「自分のスペックを高めれば恋愛が成就する」（しかも告白も相手からしてもらう）という価値観をゲームによって植え付けられた事で、ピーター博士は恋愛市場において苦労する事になる。

「見当違いの努力をしていました。恋愛は結局、対人コミュニケーションが非常に重要ですよね。それを分かっていなくて、対人コミュニケーション能力が低いにもかかわらず、勉強とかスポーツだけを頑張っていたんです」

『ときめきメモリアル』に限らず、日本のポップカルチャーでは〝相手からの告白〟や〝運命の出会い〟を待つパターンが多く、総じて受け身でロマンチックな恋愛観が育まれやすい環境にある。

「日本の人たちは待つ事が多い印象があります。欧米では、自ら行動を起こす積極性が必要だという事を早くから学ぶので対照的です」

日本の恋愛に対する価値観は、現在のピーター博士の研究と重なる部分でもある。

ピーター博士が2023年にスウェーデンで出版した研究本『我が道を行く――霧

の中の非モテ男性たち』（和訳）には非モテ男性が歩む四つの道が紹介されている。

恋愛工学や恋愛マニュアルのように、見せかけの技術で女性にモテる事を目指す「欺瞞」、女性に攻撃的になったりテロ事件を起こしたりする「破壊」、女性にとって価値ある男性になるために自分を磨く「自己改善」、そして恋愛市場で敗れて辛い思いをするぐらいなら、逃避して童貞のまま生きる選択をする「撤退」（「破壊」や「撤退」などどれも言葉が強いが、あくまでピーター博士の日本語の語彙の中で「これが当てはまりそう」という表現だろう）。

日本では撤退系のサブカルチャーが最も発展しており、一つの生き方として認められている。日本は「撤退」の最前線を走っていると言える。

欧米にも実質「撤退」を選んでいる人はいる。だが、彼らの生き方をサポートするサービスが日本ほど整っておらず、生き方の認知度も高くない。

ちなみに、当初ピーター博士はこの道を「自虐」だと捉えていたが、研究を進めるにつれて自虐よりも広い意味がある事に気づき「撤退」と名前を変えた。

「撤退」を歩む人の中には、恋愛感情や性的感情を二次元の疑似恋愛などにぶつけている人も多い。

その傾向も日本の恋愛観や文化に繋がっている。

「日本のオタク文化を見ていると、打算的な恋愛が嫌われていて、二次元こそが純愛だ、みたいな人もいる。スペックとかは関係なく、たまたま出会った人がお互い好きになる。それが純愛なんだ、っていう価値観の文化ではあると思う。だけど、社会に出ちゃうとスペックを無視する事はできないですよね。だから僕の解釈では日本は高校が舞台になっている作品が多いんだと思います。高校での恋愛はそれが純愛で、ありのままの自分が運命的な出会いをして愛し合える理想的な形になっているんです」

今では、童貞や恋愛について研究していて俯瞰して見る事ができるが、学生時代はそうではなかった。

交換留学で1年間、日本の高校で過ごしたが、そこは女子の人数が男子より遥かに多い学校だった。男子生徒が40人に対し女子生徒が360人。1：9の割合。羨ましいぐらいだがピーター博士は女子たちの圧にビビッてしまい、ほとんど話す事ができなかったという。

仲の良い男子と内輪ノリで遊ぶだけで終わってしまった。

考えが変わり始めた20代前半

自虐の笑いに加えて、男ウケする笑いも好きだったピーター博士は、合コンに行っても女性相手にうまく振舞えず失敗ばかりで、その後の男だけの反省会で笑い合う事の方が遥かに楽しかったという。

そのような生活を続けていった結果、恋愛市場で苦戦を強いられ「なぜこんなにも恋愛は難しいのか」を真剣に考えるようになった。

20代前半の事だった。

「非モテとか恋愛工学の本とか色々読むようになって、勉強したんです。本の中ではモテるための行動がいくつも書いてあったけど、結局一番大切なのはまず自分のキモい部分を見せない事だと解釈しました」

キモい行動について深く考えるようになり、キモさには二種類あるという結論に達した。

それは「能動的キモさ」と「受動的キモさ」だという。

能動的キモさは「相手の気持ちを全く考えない事により、相手のパーソナルスペースに入り込んだり、相手が話したくないのにしつこく話したりする、行き過ぎたらセクハラになるキモさ」の事だ。

対する受動的キモさは「自分がどう捉えられるかを考え過ぎてしまう『自意識過剰』により、すべき事をしないキモさ」の事だ。0章にあるエラ・フレイヤとの一件は、この受動的キモさが詰まっていると言える。

この二つのキモさを避けて、バランス良く行動できるか否かがピーター博士の課題だった。

また、子どもの頃から自虐の笑いは周りから受け入れてもらえないと感じていたが、特に恋愛に関して言うと「スウェーデンで自虐は、自身の恋愛ポテンシャルを抹消してしまうほど破壊力のある行動」なのだという。

ただ笑わせようとしただけで、恋愛ポテンシャルが抹消されるのは嫌すぎる。

日本でも自虐の笑いは過度にやり過ぎると恋愛対象から外されてしまう可能性があるが、スウェーデンではドン引きされて一発アウトの危険な行動だった。

恋愛市場で成功するためには、大好きな自虐の笑いも封印せざるを得なかった。

ピーター博士が特に考えていたのが「受動的キモさをどう抑えるか」という事だった。

女性に対する挙動不審や、考え過ぎて行動に起こせないという受動的キモさが恋愛の足を引っ張っていると考え、躊躇しそうな時こそむしろ行動に移すことに決めた。

「女性を特別な存在として考え過ぎる事をやめて、男女関係なく平等に接してまともな行動を取る、という事を決めたら、恋愛市場でもうまく行くようになっていきました」

また、女性との会話に対する考えも変わっていった。

「それまでは楽しい話を提供したいという気持ちがあり、楽しい話ができないなら、する必要がないとか、つまらない話は何も言っちゃいけないという思い込みがあったけど、それも考え過ぎだと気づいたんです」

自分が好きな自虐の笑いやキモさを封印して、女性と接する。

それは「ありのままの自分を誰か好きになって欲しい」という、純愛やロマンチックな恋愛を描いている日本のオタク文化から離れる事を意味する。

「恋愛市場のニーズに合わせて自分を変えていく、という方向に舵(かじ)を切ったんです。そのままの自分を好きになってくれる人を探すよりも、誰かが好きになってくれる人間にならないといけない。20代はそういう事を考えていました」

ピーター博士は自著の中で述べている「自己改善」(女性にとって魅力的な男性になるために自分を磨く道)を自ら進んで行ったのだった。

そして、自己改善の末にその後の人生を左右する大きな出会いを果たす。

童貞研究を始めたきっかけになる女性

恋愛市場において、自己改善の道を進み、能動的に動く大切さを痛感したピーター博士。

ある年の正月、一週間だけ東京に来日しているタイミングで、マッチングアプリで繋がった日本の女性と会う事になる。

一週間の滞在で、彼女と出会ったのは金曜日。翌日の土曜日にはスウェーデンに帰るスケジュールだったが、彼女にまた会いたいと思ったピーター博士は「定期的に日本に来て仕事をしている」と嘘をついた。

そしてスウェーデンに帰国後の月曜日、非常勤医師として勤めていた病院に辞表を出した。

実際に病院を辞めたのは2か月後の事だったが、その間に東京大学の研究室で働く事が決まった。猛烈なスピード感だ。

研究内容も決めていなかったが、全ては再び彼女に会うため。クールに見えるピーター博士にそんな熱い一面があるとは思わなかった。

「なんでいきなり童貞の研究を？」という疑問は当然生まれる。

しかし、ピーター博士にとって童貞研究はたまたま始めたわけではなく、興味本位で取り掛かったテーマでもなかった。

まず、本来の専門である糖尿病や循環器疾患に関しては、スウェーデンの方がデータが揃（そろ）っていたので、日本では別の分野の研究をする必要があると考えていた。

テーマに悩んでいた中でアメリカ人の医学生から「日本の童貞率はどうしてこんなに高いのか？」と聞かれた事が契機になり、問題になったニュースを改めて見た。

それは、イギリスのＢＢＣが放送した事から世界中の話題になった「日本の童貞率は40％以上」というニュースだった。

ＢＢＣのニュースにはバキ童チャンネルでも共演を果たし〝レジェンド童貞〟とし

て知られる元芸人の「あの松井」が出ていた。

あの松井が童貞をテーマにしたネタを披露していた動画を、ＢＢＣのスタッフが発見し、「日本でインタビューをさせてほしい」とメールを送ってきたのだ。

駆け出しの芸人だったあの松井は当然オファーを受け、そしてスタッフからの打診で芸人の衣装である蝶ネクタイ姿で出演したのだった。

それを見たピーター博士は「意図的な演出が施された放送だ」と思ったという。

「例えば、あの松井さんに派手な芸人衣装（シャツに赤い蝶ネクタイ）を着させて、日本の童貞の普段着のように紹介していた。〝あの松井〟も本名のように説明していたし、事あるごとに面白おかしいＢＧＭや効果音を編集で挟んで、日本の非モテをこけにする意図が見え見えでした。ＢＢＣといえば英国の大手メディアで、日本のＮＨＫのような公共放送です。世界的権威のある放送局の番組がこんなことをするのかと、かなり腹が立ちました」

欧米のポップカルチャーでは、元々アジア人男性はモテない存在として描かれやすい面があった。Ｋ－ＰＯＰが人気を博してからはアジア人に対する見方が変わってきたが、当時は「アジア人男性＝非モテ」という構図が定着していた。

このニュースがきっかけで、世界中に「日本の童貞率は40％以上」という内容が広まっていった。

この数字に疑問を持ち、是正しようと研究を進め「２０１５年時点で、18歳から39歳までの男性のうち、異性間性交渉の経験がない人の割合、すなわち童貞率は25・8％」という結果を発表した。

40％という間違っている数値は正せたが、結果的に日本人の童貞率の高さをまたしても世界に示す羽目になってしまった。何とも皮肉な話である。

そして、この研究がきっかけで行われた街頭インタビューでバキ童が生まれた、という流れになる。

この情報だけを見ると「日本の童貞率の高さを世界中に知らしめた」という結果になってしまうが、その裏側には自身の童貞や恋愛に関する苦悩があった。

子どもの頃感じていた疎外感や違和感を抱え続けたせいで、恋愛市場でも苦戦していた過去がある。

　非モテに関する悩みが深いからこそ、件のBBCニュースが許せず童貞研究に着手したのだ。

　これを聞いてわたしは少し安心した。

　例えば、コミュニケーション能力に長けていて、生きていて疎外感を感じた事がなく、恋愛市場で苦戦していない人が童貞研究に取り組んでいたら、疑問が生まれる。

　童貞である事に恥ずかしさや苦しさを感じた経験がない（と、周りから思われる生き方をしている）人が童貞研究をしていたら「童貞をバカにしているのか？」と疑ってしまうだろう。

　そうではなく、真剣に自身のアイデンティティや恋愛で悩んだ経験があるからこそ、童貞という存在が他人事ではなく、むしろ自分にとって近い存在だから研究を進めたのだった。

スウェーデン版キモシェアハウス

恋愛のために、自虐の笑いやキモさを封印したピーター博士。

モテたいと考える男性なら誰しも身に覚えがある状況だが、彼にとっては苦痛でしかなかった。

ピーター博士にとって「仲間と笑い合える」事はなによりも重要なことだったからだ。

彼の経歴は一見華々しい。スウェーデンのカロリンスカ研究所の医学部とストックホルム商科大学の商学部で学び、世界的大企業のコンサルティング会社マッキンゼーに就職した。

しかし苦労して入社し、高収入、高待遇が約束されているにもかかわらず、わずか

3か月で辞めてしまった。

その理由は「職場に笑いがなかったから」だという。

「日常の中で生じる面白いことを共有し合ったり、何が面白いのかと分析したり。見方を変えれば更に面白くなるんじゃないか、みたいな会話がとても好きなんです」

民間企業の現場に笑いが多くない事は理解しているが、マッキンゼーはあまりにも笑いが生じにくい場所だったという。

「チームが毎回違うので、同じ人たちとずっといるわけではなかったですし。例えばクライアントや上司とメタレベルでの面白さに関する話はできなかったです。真面目に仕事をして、どんなにツッコミどころがあるプロジェクトでもそれに関して言及はできない。どうせみんなで長時間一緒に働くなら、仕事の滑稽な部分について笑い合いながら働きたいなと思っていました」

それほどまでに、仲間たちと笑いながら楽しい生活を送る事を大切にしていたピーター博士は、スウェーデンでシェアハウスをしていた経験もある。

当時のピーター博士は医学部と商学部の勉強や研究で忙しく、ほとんど家には帰っていなかった。

「家にいないのに、なぜ家賃にこんなにもお金をかけるのか」と思い、スペイン人の起業家の友人と共に3か月だけシェアハウスをしようという企画を立ち上げた。

そこで入居者の募集をかけたところ、中国人の留学生が二人立候補して、最終的に4人で住む事になった。

当然、その頃にはまだ日本にもキモシェアハウス（キモいことをテーマにしたシェアハウス。ぐんぴぃが住んでいた）などなかったが、今振り返ると完全に「スウェーデン版キモシェアハウス」だったという。

そもそもスウェーデンは、個人のスペースとプライバシーを守るという価値観が強く、自分の部屋がないというのはかなりレアな状態だった。

そんなスウェーデン版キモシェアハウスには部屋が二つあった。一つはデスクやパソコンがありみんなで仕事をする部屋。もう一つはマットレスが四つあるだけで、そこでみんな一緒に寝ていたのだという。

「中国人が天井から肉を干していたり、スペイン人がどこからか猫を拾ってきて、猫の寄生虫でひどい状況になったり、蛙を飼っていてそれが逃げ出して大変な事になったり……」という滅茶苦茶な生活だった。

当時、その話を周りのスウェーデン人にすると「よくそんなところに住めるね」というような反応ばかりで、たまに面白がってくれる人もいたが、特に女性には引かれていた。

「相当キモかったですね。近所のキモい奴らが集まって、部屋のドアには鍵もかかっていなくて。ただキモい奴らがいるだけ」

ラピスという地域でシェアハウスをしていたので、自分たちで「ラピスの宇宙船」と名付けていた。日本のキモシェアハウスも最初は「ぼくらの家」と名付けていたが、いつしかキモシェアハウスとしか呼ばれなくなった経緯がある。スウェーデンでも周りからこっそり「キモシェアハウス」と呼ばれていた可能性もある。

周りからはひどい環境だと思われていたけど本人たちは楽しかった。みんなで吠えたり踊ったりする生活が楽し過ぎて、3か月の予定が1年半までシェアハウスの期間を延ばすほどだった。

そんなスウェーデン版キモシェアハウスは「住人がダニだらけのマットレスをゴミ置き場から拾ってきて、それで寝たらみんなダニにかまれて眠れなくなってしまってそのまま離散」という結末を迎えたのだった。

その後ピーター博士は、キモいけれど楽しい共同生活から足を洗った。

恋愛市場を生き抜くために、キモい笑いが好きだったにもかかわらず、その気持ちを封印して過ごす事になる。

心のどこかで一抹の寂しさを感じながら……。

再びキモい仲間と出会い笑い合える日々を過ごすのは、まだ少し先の事である。

第3章

ネットミームはどう生きるか

バキバキ童貞誕生

「バズってますよ」

ぐんぴぃは友人の町田から届いたメッセージで現状を把握した。

急いでTwitter（現X）を見たら、確かにバズっている。

「終わった……」という絶望と共に湧き上がってきたのは「でも、何かが起こるかもしれない」という妙な胸騒ぎだった。

2019年4月9日。

新宿を歩いていたぐんぴぃは、「ABEMA NEWS」のキャスター・楪望（ゆずりはのぞみ）から声をかけられた。

「世界に比べて日本は童貞率・処女率が高いというデータが発表されましたが、どのようにお考えですか？」

「誠に遺憾ですね、残念です」

「ご自身は？」

「バキバキ童貞です」

親の顔より見たこのやり取りが大きく拡散されて、ぐんぴぃは「バキ童」として生きる事を余儀なくされた。


この経緯は有名だが、実は最初にバズったいきさつに関して、あまり知られていない出来事があるという。

「ややこしいからあんまり話してなかったんですけど、そのバズった投稿が一回消えてるんですよ」

最初にぐんぴぃを取り上げてバズったのは、とある男子高校生だった。

「こいつすき」という文面と共に街頭インタビューの画像を貼りつけた投稿がけたたましくインプレッション数を稼いでいたのだが、翌日に急にそのアカウントが消えていた。

投稿も全て見られなくなっていたが、ヘッダーに他のSNSへのリンクは残っていた。興味本位でＩｎｓｔａｇｒａｍを見てみると「彼女にフラれた。死にたい。ショックだからアカウント全部消す。とりあえずＴｗｉｔｔｅｒは消した」というストーリーズが投稿されていた。

どおりでアカウントごと元の投稿が削除されているわけだ。バキ童の画像がこれ以上拡散される可能性は低い。放っておけばよかった。

だが、ぐんぴぃはその高校生にＤＭを送った。

「あなたに晒(さら)された男です。フラれて死にたいとか言ってますけど正直チョロいです。童貞なので辛さはピンと来ないですが、性経験が無いことを晒された僕よりは絶対にマシなはず。どうぞ下を見て頑張ってください」

晒したくせに弱っている年下に皮肉の一つでもぶつけてやりたい加虐心と、死にたくなっている若者へのお節介。二つが入り混じり、よく分からないクソＤＭを送ってしまったという。そしてこれが仇（あだ）となった。

ＤＭを受け取った高校生は元気を取り戻した。即座に削除したＴｗｉｔｔｅｒアカウントを復旧させた。「バキバキ童貞のアイツから直々にＤＭが来た」と晒すためである。同時に例の投稿も復活。インプレッション数は再び回り始め、バキバキ童貞は拡散されるに至った。

ぐんぴぃのスルースキルの低さが招いた、なんとも間抜けな話である。

しかし事実はさらに複雑だ。ぐんぴぃはこれほどまでにうまく事が運んだことはないと語る。

「『計画通り』（©夜神　月）の気分でした。実はＤＭを送った時点で、高校生男子が巡り巡ってＴｗｉｔｔｅｒを復活させる可能性は十分あると考えていた。なんなら晒しやすい文面を心がけたところもあります」

そうなると話は全く変わってくる。バキ童の画像を自らバズらせようとしたことになるではないか。

この時の心情を、ぐんぴぃは今でも整理できていないという。

「童貞として拡散されてしまったことは死ぬほど恥ずかしい。大概の身内に知られてしまった。だったら中途半端に拡散が止まるのは癪だった。どうせならズタズタになりたい、自傷行為だったかもしれません」

誰かに「バキ童って言われちゃって」と身を削ってボケても「何それ？」と返ってくる未来は悔しい。せめて笑いのネタにできるぐらいは広まってほしい。

では、バズることは芸人として〝美味しい〟と思ったのか。

「いじられキャラの習性だと思うんですけど。いじられたら落ち込むんじゃなく、何倍も明るく振る舞うといいんです。そしたらいつの間にか他人事になるから。もっといじってくれ、と前に出る。前進すればするほど不思議と痛みは麻痺する。ゾンビみたいに。そんな感覚だった。

　辛かった。笑い事にしないと耐えられなかった。〝芸人としては美味しいですよね〟と言われるだろうけどそんな簡単に割り切れる話じゃない。むしろ、芸人に逃げたんです、僕は」

　バズった経緯に関しては数えきれないほど話してきたが、ここまで詳しく話したことはほぼないという。

「誤解されたくないのは、ネット上で笑いにしたかったわけじゃないということ。ネットミーム化した人物が自我を持って表に出る痛さは承知していたので。あくまで友人や劇場の数人のお客さんに笑ってもらうためにやりました。河村たかし前市長が金メダルを嚙んで怒られた時、甥っ子だったアゲインのノリさんが、漫才の開始早々につかみで『この度は叔父がすみません！』と謝罪してウケてたのに近いです」

誰のなんの話をしているんだ。

確かに、自分の恥ずかしい出来事を笑いに昇華する事は、芸人ならよくある。

しかし、このレベルのものは普通ならば躊躇してしまう。

本当に恥ずかしい出来事も、笑いの方に舵を切るぐんぴぃには芸人としての覚悟を感じる。

「不幸を不幸のままにしない」

芸人になる前からの行動指針が発揮された結果、ライブで話せる以上に大きな出来事となっていった。

始まりのエチヨナ

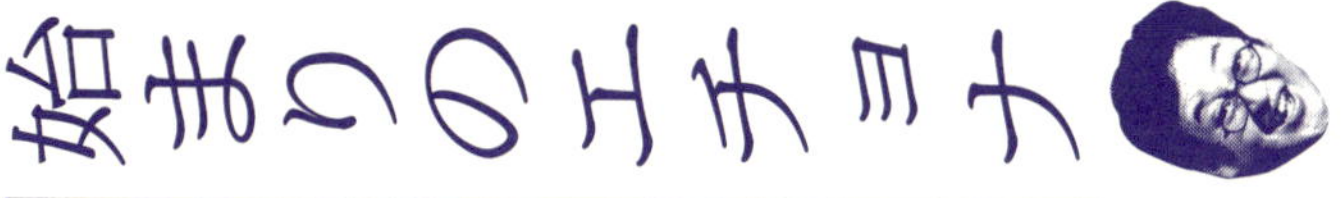

名もなき芸人から「バキ童」になってしまったぐんぴぃ。

しかし、街頭インタビューを受けてから一年も経つ頃には自分の中で飽きが来ていた。

周りの芸人から「いつまでバキ童やってんだよ」とからかわれて「童貞である限りはバキ童なんですよ。やめるとかないから」と返す。

ライブの平場で話すトピックにはなるが、それが大きな仕事に繋がることはないし、繋げたいわけでもなかった。

ただただ顔が割れている童貞として、恥ずかしそうに生きていた。

その状況が大きく変わるきっかけになったのは、セクシー女優の唯井(ただい)まひろのYouTubeチャンネルに出演した事だった。

当時、春とヒコーキを含めた芸人数組で、深夜の小劇場を借りてネタ見せ会をしていた。

芸歴の浅い芸人はなかなかメディアに出るチャンスがない。できる事は日々のライブで全力を尽くす事と、ネタを磨く事ぐらいだ。

若手芸人なら珍しくないネタ見せ会だった。

珍しいのは、その中に「バキ童」と「唯井まひろのスタッフ」がいた事だった。

一緒に切磋琢磨していたコンビの一人が、唯井まひろのＹｏｕＴｕｂｅのディレクターを担当していたのだった。

彼が唯井にバキ童の話をすると、「なんか面白そう」と食いついた。

あっという間に「じゃあ動画を撮りましょう」となり、出演が決まったのだった。

ぐんぴぃが出演したその動画は大きな反響を呼んだ。

童貞のトークは、ＡＶ業界のスタッフにハマりまくった。「生涯でもあんなにウケたことはそんなにない。百戦錬磨のセクシー業界人たちにとって、高齢童貞は珍獣のように映ったに違いない」と本人は語る。

その後も何度も動画やイベントで共演を果たし、息の合う掛け合いを見せた。

全てのきっかけになった唯井の事を、敬意を表しぐんぴぃは「始まりのエチョナ（エッチな女の略）」と呼ぶようになった。

しかしそれは後から振り返ってみれば、の話だ。

この反響を受けても「自分たちもＹｏｕＴｕｂｅを始めよう」とすぐにはならなかった。

事務所のマネージャーは「こんなに伸びるなら始めた方がいいよ」と勧めていたが、ぐんぴぃは全く乗り気ではなかった。

「これはたまたま上手く行っただけで、ＹｏｕＴｕｂｅの世界は甘くない」

そう思っていた。

それに、バキ童を前面に押し出して生きていくつもりなど毛頭なかった。

どんな人間にも「これからバキ童として生きていくんだ」なんて決意を固めるタイミングはないだろう。

最初はただ街頭インタビューに巻き込まれただけだった。

そして、自分のＹｏｕＴｕｂｅも「巻き込まれる」形で始まる事になったのだった。

気がついたらＹｏｕＴｕｂｅ始動

２０２０年10月。

新宿ネイキッドロフトでとあるライブが行われた。

「バキバキ童貞卒業への道」である。

ロフトのスタッフに「童貞をテーマにしたライブをしませんか？」と誘われたぐんぴぃは「バキ童をＹｏｕＴｕｂｅで前面に押し出すのは抵抗があるけど、ライブならいいか」と考え、開催を決めた。

「インターネットな夜」と同じ会場でライブができるのも嬉しかった、という。

その日、会場には様々な人が集まっていた。

スウェーデンからリモートでゲスト出演していたピーター博士。客席には漫画『童貞絶滅列島』の作者で、現在は『バキしみ〜バキ童としみけんが入れ替わった件〜』を連載している漫画家の川崎順平先生。タイタンのマネージャー。そして落研時代の後輩が二人。わたしも見学していた。

ライブはバキ童になってからの話や、今後どうしていくかなどの話を中心に進んだ。

ピーター博士もぐんぴぃとはほぼ初対面で、どのような方向に進むか分からない緊張感もあったが、初めてとは思えないほどお笑いライブとの親和性も高く、盛況の中ライブが終わった。

事が大きく進んだのは、ライブ外での事だった。

ライブの合間にマネージャーと落研の後輩たちが話をしていた。

話題は「ぐんぴぃのＹｏｕＴｕｂｅ」に関して。

マネージャーはぐんぴぃにＹｏｕＴｕｂｅをやらせたいと思っていて、後輩二人もぐんぴぃを軸にＹｏｕＴｕｂｅを始めたいと思っていた。ちなみにこのうちの一人が、今でもスタッフとして活動している馬肉かなめだ。

こんなにも目的が合致したのならやらない理由はない。

気がついたらぐんぴぃ以外が一致団結し、本人の意思とは別にＹｏｕＴｕｂｅが始動する運びとなった。

最初は全く乗り気ではなかった。

「今見ると初期の動画はテンションも低いし、本当にやる気がなかったですね」

最初に投稿された動画で「このチャンネルの目標は童貞卒業」と語っているが、即座に童貞を卒業してチャンネルを終わらせてやろうと目論んでいたという。

チャンネルを開始してすぐの登録者は50人。

「ネットミームになった人が〝実はあれ俺なんですよ〟と言い出す痛さは知っていたから、本当にやりたくなかった。こんな野暮な事はないと思っていたし。野暮が一番嫌いです。開設から三日経って登録者は１０００人を超えたけど、それでも〝こんな恥ずかしい思いをして１０００人か……〟という気持ちだった」

知人から「あの動画面白かったよ」と言われても、自分ではその面白さが全く分かっていなかった。

企画も主にスタッフとなった後輩の二人が考えていて、言われたものをこなすだけ。

たまに自分主導の企画もあったが、前のめりになっていたわけではなかった。

当時わたしはまだライブでもぐんぴぃと頻繁に顔を合わせていたし、スタッフも知り合いだったので、チャンネルの話はたまに聞いていた。

「全然やりたくない」と言っていて、大変そうだなと思ったのを覚えている。ギスギスしている感じもなんとなく伝わっていた。

その印象が強かったため、登録者が伸び始めてもこちらからチャンネルの話を尋ねる事はあまりなかった。

流れが大きく変わったのは、ＡＶ男優・しみけんとのコラボ動画が初めて１００万再生を突破した時だった。

百戦錬磨のしみけんの童貞時代の話を聞く、という動画は今まで語られた事のない話に加えて、経験人数1万人と0人というキャッチーな対比も相まって、多くの反響があった。

その結果、セクシー界隈のＹｏｕＴｕｂｅをたらい回しにされ、ここでもおもちゃになるのだが……。

この時ぐんぴぃは「これは面白い経験だし、続けてもいいかも知れない」と初めて思ったという。

その考えの裏には尊敬する爆笑問題・太田光の考えがあった。

「太田さんってあえて野暮な事をしているんですよ。本当は政治に触れない方がいい。平場で暴れないでシュッとしていた方がカッコいい。分かっているけど、それをしてしまったら憧れているビートたけしさんと同じ事になってしまう。だから、あえてたけしさんがしない野暮な事をしているらしいんです」

彼の姿勢に勇気づけられて、野暮だと分かっている「ネットで有名になった人間がＹｏｕＴｕｂｅをする」という選択を受け入れたのだった。

ＹｏｕＴｕｂｅでお笑いをやることにも抵抗があったという。ぐんぴぃの好みのお笑いは世間ウケを気にしないコアなものが多い。好きな芸人はランジャタイと街裏ぴんく。一筋縄ではいかないお笑いジャンルだ。

わたしと春とヒコーキがとあるライブで人力舎所属の先輩芸人、永田敬介さんと共演した時の事をよく覚えている。

一緒に舞台袖から永田さんのネタを見ていたのだが、その面白さに衝撃を受けた。

脂ぎった髪、てかてかの黒ダウン、不審者そのもののような様相であらぬ方向を睨め付けながら舞台に出てくる。不機嫌そうに、これ以上機嫌を損ねると包丁を持ち出しかねない雰囲気に客席に緊張が走る。ボソボソとうわ言のように世の中への不満を漏らす。

誰よりも生きづらい男による社会への怨言は、客の心を真芯で捉えて、大爆笑が起きる。

しかしそれでは終わらない。最後に唐突に、ミミズが登場する。

永田さんが三輪車に乗った少女に轢かれそうになったミミズを救う。ミミズは喜んで「本当に優しい人間だ」と評した後に「でも、（永田は）人間に向いている魂とは言いづらいな」と呟いてネタが終わる。

急なミミズの独白に観客は呆気に取られる。しかしミミズぐらいしかあの男を肯定できないことに気づく。余すところなく不気味で、ザ・ノンフィクションそのままのような暗いネタだ。

そのネタは確実にテレビでは披露できないものだったが、だからこそ彼の鋭く尖った純粋さが際立っていた。

その後、舞台上でわたしと春とヒコーキの3人でトークをする時間があったのだが、終始「永田さんのネタが凄かった」「あれこそが本当のお笑い」と永田さんの話しかしなかった。

楽屋に戻ってからも「俺たちのネタはキモいって言われるけど、紛い物かもな……」と自分のキモさを疑う時間も生まれていた。その時間こそキモいだろ。

それぐらい永田さんのネタに食らいまくってしまって、そこからしばらくぐんぴぃとは「本当のお笑いとは何か」という事をよく話した。

ぐんぴぃ曰く、本当のお笑いとは「線のように細く、幹のように太く、枝葉一つつげず、それでいて鈍色に光っている」という事らしいが、想像している事はわたしと同じだと思う。

お客さんの反応を気にし過ぎず、自分の中にある純粋な思いをネタでコーティングして（あるいはそのまま）表現する。その結果、過激になってしまう事もあるかも知れないが、「過激な事をやってやろう」ではないので「過激な事＝本当のお笑い」というわけではない。

簡単に言えば「自分の思いを貫き通し続けている」という事が本当のお笑いだと言えるだろう。「メディアで多くの人に届けたい」「売れたい」なんて度外視した、ゴツゴツしたお笑いこそが至高だと考えていた。

そんなぐんぴぃはバキ童チャンネルを面白いとは思えなかった。
「本当のお笑い」からかけ離れているものばかりに感じられた。
それでも続けていたのはなぜか。
太田光の著書『爆笑問題の日本原論』の制作過程にそのヒントがあった。

「太田さんにとって初めての著書だから、最初は凄い気合を入れて書いたらしいんです。自分の思う面白いものを全て詰め込んで。ただ、それを編集者に提出したところ、〝太田さん、これは凄く面白いんですけど、この本は軽く読めるものにした方がいい。疲れた会社員が帰りの電車で読んでくすっと笑えるぐらいの方がいい〟と言われてしまった。そんなもんかなあ、と思いつつ時事ネタを扱ったバカバカしい内容にしたら大ヒットしたっていう経緯があるんです」

太田にとっての『爆笑問題の日本原論』が、ぐんぴぃにとっての『バキ童チャンネル』だった。

芸人としては勿論、目の前の人を大笑いさせたい。動画一つとっても、自分の中のお笑い能力を全てつぎ込むような内容にしたい。しかし、視聴者がそれを求めているとは限らない。

毎回、お笑いの最高点を叩き出すのではなく、ナメて見られてちょっと笑えるぐらいがＹｏｕＴｕｂｅにはちょうどいいのだ。

当然、最初は芸人としてのプライドがあった。芸人だと前面に押し出していなかった初期の頃は、「バキ童」というキャラクターを身にまとう事で、野暮さや軽さに立ち向かっていったのだった。

今や、憧れの爆笑問題と共演する機会もあるぐんぴぃは、太田に自身のYouTubeへの向き合い方を「日本原論のおかげです」と話した事がある。

すると太田はこう返した。

「だから、お前のYouTubeは当たったんだろうな」

変わり始めるバキ童チャンネル

チャンネルを始めてしばらくすると、スタッフも増えて動画の方向性も変わり始めた。

当初は「童貞」を押し出して、セクシー女優とのコラボでひたすらエロいだけの動画も多かったが、次第にその回数も減っていった。

代わりに、自分の人生を長時間話す動画や、「無料で抜こう！いらすとや抜ける絵ランキングBEST3!!」などのバカバカしい動画、「【教養】春画で抜けるやつマジで0人説【タイムスリップ】」などの一見スケベだが実は教養としての面白さがある動画、コピペ音読など2chやネットミームを取り扱った動画、キモシェアハウスの住民が活躍する動画や、料理を楽しむ動画など、様々なジャンルで人気動画が生まれ始めた。

ぐんぴぃは自分の動画で再生回数を意識した事は一度もないと言う。

「YouTubeの先人たちを見ると、再生回数が伸びた企画をずっと擦っているチャンネルは、失速していく傾向にある。確かに企画は面白いけど、それを見るのは企画のファンでその人自身のファンじゃない」

動画が伸びた後はあえて伸びない動画を投稿する、という事もしている。

再生回数には拘らないが、チャンネル登録者の動きは気にしている。

チャンネル登録者が増えるという事は、企画ではなく「人」（その人の個性や人柄。キャラクター性を指す言葉）を好きになってもらえたという指針になる。

自分に自信があったというわけではないが、ネットから出てきた出自や経歴が変わっていてそこに興味を持たれている、という感覚はあった。まだ味はするだろうから「人(ニン)で行こう」という決断をしたのだった。

その考えに至ったのはあるレジェンド芸人の理論からだった。

「振り子理論っていうビトたけ（ビートたけし）さんが提唱している法則があって、結構参考にしています」

振り子の理論は、自身が監督を務めた『HANA-BI』が第54回ヴェネツィア国際映画祭で金獅子賞を受賞した後に、著書『私は世界で嫌われる』で述べたものである。

撮った映画のテーマが暴力だったら、次は対極にある愛をテーマにする。反対に振れれば振れるほど、次に暴力を描く時に今までよりもっと過激な表現をする事ができる。それは映画に限らずお笑いもそうで、振幅が大きければ大きいほど、他へ行った時にもっと大きいものができる、という理論である。

確かに彼の仕事全体を見ていると、バカバカしいバラエティをしつつ教養的な番組にも出て、激しい暴力描写があるシリアスな映画を撮った後に恋愛小説を出版していたりする。

ぐんぴぃもその振り子の理論を自身のチャンネルで意識している。

「最初はスケベな動画ばかり撮ってたけど、バカバカしいもの、教養があるもの、自分の人生を語るもの、ネットを扱うもの、自分でもワケの分からないものといった感じで振り子が二方向だけではなく、360度、円を描くように回るようになっていった。そうなると振り子そのもの（人）にみんなが興味を持ってくれるようになる」

バキ童チャンネルには人気のあるコンテンツがいくつもある事で「このジャンルだけやって欲しい」という声も上がる。だがスケベと教養とネットと料理と人生を一つの動画で出す事などできない。なので「今日はスケベ」「今日はネットミーム」と一つの動画につき、そのジャンルの特定ファンを喜ばせるような内容になっている。投稿ペースが週5になっているのも、一つのジャンルだけが好きな人が週に1回は楽しめるように、という配慮のもとで行っているとの事だった。

「でもこの方法だと再生回数は伸びにくい。まぁ伸びない。ＹｏｕＴｕｂｅｒの方はやらないんじゃないですかね」

最初は全く乗り気ではなかったＹｏｕＴｕｂｅにも、以前よりは前向きに取り組んでいる。

特に今は「動画を撮影中に急に企画を思いついて、すぐにやろう！」となる瞬間が一番楽しいのだと言う。

「喋っている途中に急に思いついて、どうなるか分からないものを成功に向かってやっている感じが楽しいんですよね」

それを実感したのが、ゲストに大物バーチャルライバーの月ノ美兎が出演した時の事だという。

「コラボ撮影後の雑談中に、月ノさんから『いつかバキ童チャンネルでやって欲しい企画があるんです』って企画案を持ちかけられて。『エッチな同人誌でよく見かける、身体に〝正〟の字を書く文化あるじゃないですか』『性交回数を数えるなら〝正〟の字よりもっとふさわしい五画の漢字があると思い、検証して欲しいです』」

あまりに下劣でバカバカしい内容で、聞いた瞬間に一同がひっくり返って笑った。すぐに「穴」や「凸」など色んな五画の字が飛び出てまたバカ笑いする。飲み会のクライマックスみたいな盛り上がりを見せた。

「こんなに楽しい時間を終わらせたくなくて。いつかなんて言わず、今すぐ撮影しよう！　と急遽カメラを回し始めました」

無謀な試みに思えるかもしれない。台本もない、道具もない。あるのは熱量と醜悪なアイデアだけ。

「でもじっくり用意して撮るより、熱があるうちに撮った方が脳汁が出て、わけの分からないところまで到達できたりする。予定調和から離れたＹｏｕＴｕｂｅならではの映像になるんです。見学していた月ノ美兎さんがたまらず参戦してもう一段階盛り上がって。チャンネル内でもトップクラスに好きな動画になりました」

わたしもバキ童チャンネルに出演した事があるが、予想以上にその場のノリを大切にしているのだな、という印象を受けた。

事前にどの企画をするのかはある程度決めているが、順番や構成などは一切決まっていない。

予定になかった企画を思いついたら、その場でスタッフも巻き込んで全員で手探りのまま突き進む。

どこかで見た事がある。お笑いライブだ。

お笑いライブには企画コーナーが多い。何か一つの目的に向かって、みんなでゲームをしていこう、というものだ。

その時もある程度道筋は用意されているが、台本などないし「あなたはこういう風にボケてください」と指示をされるわけではない。

全員がその場で考えて、どのように動けば面白くなるか、どのように動けばお客さんが喜んでくれるのか、手探りで進んでいく。

当然、うまく行かない事もある。どんな面白い人でも信じられないぐらいスベってしまう事がある。その流れで全員がスベる事もある。自分も沈んでいくと分かっていながら、底なし沼に突っ込んでいく感覚だ。

そんな中でも、全員でどうにかしようとする時はアドレナリンが大量に出てめちゃくちゃ楽しい。

ぐんぴぃはそれをＹｏｕＴｕｂｅ撮影という現場でいつも行っている。

仕事という側面もあるが、それ以上に友達と遊んでいる感覚の方が大きいのだろう。

大人になってから「こういう遊びを思いついたから、今すぐやろう！」と言って、すぐに集まってくれる友達を持っている人がどれだけいるだろうか？

そして、その結果生まれた動画で沢山の人を楽しませられる人なんてほんの一握りしかいないだろう。

広がるバキ童チャンネルの渦

バキ童チャンネルに出演し、そこから知名度・人気を得て個人の活動の幅を広げている人は多い。

「レンタルぶさいく」でお馴染みの篠原さんは、芸人を辞めた後に自身のレンタルサービスを始めたが、コロナの影響もあり上手く行かなかった。起死回生をかけフィリピンで就職をしたがそこがブラック企業で、さらに物価の影響もあり苦しい生活を送っていた。

かつてのシェアハウス仲間と共に、フィリピンに乗り込んだ「レンタルぶさいく救出編」はチャンネルの中では異質なシリーズだが、ぐんぴぃも「この動画が一番面白い」と太鼓判を押している。

紆余曲折ありながらも、結果的に篠原さんは帰国を決意し、今はレンタルサービスも自身のＹｏｕＴｕｂｅチャンネルも軌道に乗っている。今はオランダでうどん屋を開くという夢（ぐんぴぃは反対している）に向かって邁進(まいしん)中だ。

マセキ芸能社所属のコンビ、リップグリップの岩永さんはバキ童チャンネルで取り上げる前から「スケベ大学」というライブを主催していて、自身をスケベ大学の学長と名乗る奇人である。そのライブ初回からぐんぴぃもわたしも参加している。

ライブの内容はエロゲなどスケベなコンテンツを大真面目に紹介する、というもので、出演者は「スケベ大学の教授」として講義というトークを繰り広げる。

活動の一環として岩永さんが「スケベ大学学長」として、バキ童チャンネルに出演すると、そのスケベへの知識と愛の深さから瞬く間に注目を集め、今やスケベコンテンツには欠かせない男になっている。

最初は小さいライブハウスで10人ほどのお客さんの前で開催していたライブも、300席の会場が即完売するほどの人気になった。

満を持して、岩永さん単体の「スケ大チャンネル」を開設し、そちらもすぐに登録者10万人を超えた。収益化はかなり早い段階で剝奪されているが。

ぐんぴぃは、友達が自分の知らないところで「スケベ大学学長」や「ネットミーム専門家」など、それらしい肩書でメディアで活躍しているのを見るのが面白くて仕方ないという。

しかし、それは完全に慈善のつもりで後押しをしているわけではない。

「その人のため、っていうのも勿論あるんですけど、それ以上に自分のためでもあります。みんなのハブ（拠点）に自分がなれればいいなっていう」

前述の通り、バキ童チャンネルに投稿されている動画は多岐にわたる。

その全てのファンを一度に楽しませる事ができないのも事実だ。

そして、それ以上に一つのコンテンツの深いファンになる人も多い。

「スケベなコンテンツだけ見たい人は岩永さんのチャンネルを見ればいいし、キモシェアハウスの話を聞きたければレンタルぶさいくのチャンネルを見ればいい。他の全く違うコンテンツにハマられるよりは、自分たちの周りをぐるぐる見てくれてる方が嬉しいし、たまにバキ童チャンネルに戻ってきてくれるならありがたい」

人間の可処分時間を全て自分の動画で賄えるわけではない。チャンネルの特性上、どうしても一つのジャンルを深掘りしてばかりもいられない。

その分、バキ童チャンネルから生まれたジャンルの一つをひたすら深掘りしてくれている、「スケベ大学学長」や「レンタルぶさいく」は有難いのだという。

「自分がスターを生み出すなんて気はサラサラないし、おこがましい。でも友達が全員売れて欲しいとは思っています」

『『ぷっ』すま』を目指している

「バキ童チャンネルは『『ぷっ』すま』を目指しているかも知れない」

『『ぷっ』すま』は1998年から2018年まで、テレビ朝日系列で放送されていた深夜バラエティ番組だ。

ぐんぴぃが初めて見た深夜番組が『『ぷっ』すま』だった。そして、衝撃を受けた。

多くのテレビバラエティは台本が存在していて、事前の打ち合わせ通り進んでいく。

視聴者も台本の存在が分かっているから、今は「台本がない」「その場で起きた事を面白がっている」という、いわばハプニング的な番組も多くなっている。

その雰囲気のあるテレビ番組の代表と言えば『『ぷっ』すま』だろう。

台本の存在も感じられない、明確なオチがあるわけでもなく、緩い雰囲気のまま進んでいくテレビ番組をそれまで見た事がなかったから、ぐんぴぃにとっては衝撃的だった。

「ただ、『『ぷっ』すま』みたいなテレビ番組って全然ないんですよね」

そんな中、始まったのが『研修テレビ!!』だった。

2023年10月から2024年9月まで、テレビ朝日系列で放送されていた深夜バラエティ番組だ。

出演者はテレビ朝日の若手アナウンサーと、ママタルト、ひつじねいり、令和ロマン、それに春とヒコーキも名前を連ねた。

「台本もあるにはあるんですけど、全然従わなくてよくて、その場で起きた事をみんなで何とかしていく。この感じ何かに似てるなって思ったらお笑いライブの平場だったんですよ」

出演者は今もライブに出続けている若手芸人で、毎日のように平場に出ている。

その時の雰囲気をテレビで放送していた事がぐんぴぃにとっては信じられなかった。

しかし、番組は一年という短い期間で終わる事になる。その時の反響は大きく「『研修テレビ!!』のような番組は他で見られない」という意見があった。

「その時に、お笑いライブの平場を見られるテレビってないんだって思ったんですよ。自分たちは普段ライブでやっている事だから珍しくもなんともないけど、お笑いライブを見たことがない人、例えば地方の人たちにとっては、この番組は衝撃だったんだと思います」

図らずも自分が好きだった『『ぷっ』すま』のような番組に参加できていたが、その場もなくなってしまった。

しかし、バキ童チャンネルにその魂を受け継ぐ事ができた。

勿論、毎回毎回手探りで成功し続けるわけではない。

また、毎回クオリティの高い動画を出し続ける事が、バキ童チャンネルの強みではない。同じ事を続けていても視聴者は離れていくし、制作側も疲弊してしまう。

だからこそぐんぴぃは「人を好きになってもらう」事を目標にしてきた。

人を好きになれば、求めているものが「面白い動画」ではなく「この人が出ている動画」になる。

そうなれば、動画を作る者としては最高だろう。

「常に面白いものを生み出さないといけない」というプレッシャーもなく、他人の目を気にせず自分が好きなものを貫き通す事ができる。

みんなが内輪になれる幸せな世界

視聴者としてわたしがそれを感じたのは、『【盆踊り】「しゅしゅぷち音頭」のMVを作ろう!!』という動画だった。

青学落研で流行(はや)っていた「しゅしゅぷち」という遊びが度重なるアップデートの末に音頭になり、それのMVを作ろうという企画だ。これだけで説明できた気がしないので、是非動画を見て欲しい。

ぐんぴぃ本人が「これ一番はずした動画なんだよ」と語るほど、終始意味不明で無駄な時間が続くだけだが、これを面白いと思える人はぐんぴぃがボーっと空を見ているだけの動画も面白く感じるだろう。

それがつまり「企画より人」を好きになってきている証拠だ。

学生時代に仲間内だけで流行ったノリを１００万人以上登録者がいるチャンネルで披露するなんて、確かに「面白い企画を出し続けよう」という発想の人がする事ではない。

自分に置き換えて考えてみて欲しいが、確かに学生時代に仲間内だけで流行ったノリは面白い。先生のモノマネが面白いように「身近な人がする事」が一番面白いというのは確実にある。

しかし、それを面白がるのは本人たちだけだろう。「こんなノリあったよな」で盛り上がって、「懐かしいよなあ」で終わる。

しかし、バキ童チャンネルはそれで終わらない。

それのＭＶを作ってみんなに見せようとしている。

内輪だけで楽しんでいたことを外に見せるなんて、先生のモノマネだけでお笑いライブに出るようなものだろう。

内輪の人間だけしか笑わない行為だ。

しかし、バキ童チャンネルではいわば「みんなを内輪にする」という事を続けてきた。

企画だけが面白ければ内輪は生まれない。出てくる人を好きになる事で、段々と視聴者たちも「この前話していた事か」と思うようになり、気が付いたら自分も内輪に入っていく。

そうなったら、全てが面白く感じてくる。

『MVを作ろう』の動画も終始くだらない事を延々と続けている。

バキ童チャンネルを初見の人がこの動画から見始めたら、きっと他の動画を見ようという気にはならない。それほど終始「この人たちは何をやっているんだ？」と思うような内容だった。初めて見る人は「面白い企画」が見たいのだ。

しかし、すでにバキ童チャンネルの内輪に入っている人は、こういう動画でも楽しむ事ができる。

「この人たちは何をやってるんだ？」と思うかも知れないが、その後に「しょうがない人たちだなあ」と半ば呆れ、でも笑う事になるだろう。ふざけている友達のノリを見ているあの頃がフラッシュバックする。

内輪のノリは得てして嫌われるものである。内輪を続けていても、その中が楽しいだけで何も成長が見られない。

だが、その内輪が大きくなればどうだろう？

一番面白い事が仲間内のノリなら、その中に飛び込んでしまえばいいのだ。それ自体が大きくなっていけば、他人から「内輪で盛り上がっている痛い奴ら」と思われなくなる。だが、中身はずっと「内輪で盛り上がっているだけ」だ。

バキ童チャンネルは、それを面白がらせてくれる存在になっている。

一つ断っておくが、ぐんぴぃ本人は内輪ノリが嫌いだそうだ。

なので、内輪を大きくしていくつもりは毛頭なく、「ホラ！　内輪だぞ！　つまんねーだろ！」と無理やり押し付けるプレイのような感覚で行っているらしい。

それをはた迷惑だと捉える人もいれば、わたしのように楽しんでしまっている人もいる。

バキ童チャンネルを見ている人の中には「この輪の中に入りたい」と思う人もいるだろう。こんな愉快な仲間たちと一緒に過ごせたらどんなに楽しいだろう、と。

そんな輪に本当に飛び込んで行った男がいた。

他でもないピーター博士である。

第4章

博士の異常な執着

キモシェアハウスとの出会い

「日本にお前の論文のせいで大変な事になっている奴がいるぞ」

ピーター博士は友人から届いたメッセージで現状を把握した。

自分が発表した論文により日本で街頭インタビューが行われ、挙げ句の果てにバキ童貞が生まれていたのだった。

「確かにこれは大変な事になっている……」

だが、ネットでぐんぴぃの動向を調べているうちに、段々と違う考えも浮かんできた。

「この人、童貞でキャリアを開発しようとしているんじゃないか？」

当時はまだバキ童チャンネルは始まっていなかったが、すでに存在していた春とヒコーキのＹｏｕＴｕｂｅチャンネルの動画に、当時ぐんぴぃが住んでいた野方の部屋の様子が映し出されていた。

その部屋のあまりの汚さに「あんな汚い部屋に人が住んでいるわけがない。あれはわざと汚くして面白くしようとしているのではないか？」と思った事がきっかけだった。

実際はその汚い部屋になんの打算もなく住んでいたわけだが（切ない話だ）、その時に「この出来事をプラスに展開してキャリアを築くというのは斬新で、興味深い」と思ったのだった。

さらに、キモシェアハウスのＹｏｕＴｕｂｅ動画を観て「ここに住みたい」と思ったピーター博士は、ぐんぴぃにＤＭを送った。

キモシェアハウスに住みたくなったのは、ピーター博士曰く住民が「自由にキモさを追求している姿」を堂々と見せつけていたからだ。

スウェーデンでは自虐やキモい笑いは受け入れてもらえなかった。仲間内ならまだしも、女性に対してそのままの姿でいたら、たちまち恋愛対象からは外されてしまう。

　ピーター博士は元々好きだった自虐やキモい笑いを封印して、恋愛ができるようになった。しかし、心のどこかで満たされない部分があった。

　そんな時に恥ずかしげもなく、気味の悪さ、不潔さ、不快さを堂々と表現している人たちに出会ったのだ。

「自分の中で20代前半から封印していたキモさをまた経験できる場所があったんです」


　最初にぐんぴぃとコンタクトを取った時は「自分を利用するために近づいたのではないか」と疑われないように気を付けていたという。

　ピーター博士が童貞研究のみでキャリアを築いていた場合、ぐんぴぃがバズった事により、ピーター博士が利益を得ている構図になる。

「本当の専門は糖尿病と循環器疾患なので、別に童貞研究が進まなかった事により、自分の生活が終わるわけでもない。童貞研究に頼っているわけでもない。そもそも童貞研究がキャリアやお金に繋がるわけがない。童貞研究一本で生計を立てようとするのは無理」という事を念頭に、ただ仲良くなりたいという事を伝えた。

土台キモシェアハウスに行っても、何かに繋がるわけではない。

研究者として生き残るためには、膨大な数の論文を世に出す必要がある。そして論文はデータを使わないと書けない。デスクワーク以外は無駄と言ってもいい。

本当に研究者としてキャリアを高めていきたいなら、キモシェアハウスを訪ねている場合ではないのだ。

しかし、ピーター博士には「どんな展開になるか分からなくても、面白そうならすぐに行動を起こす」というポリシーがあった。

ピーター博士は、ぐんぴぃを始めとするキモシェアハウスのメンバーと一緒に過ごす事を決心した。

話がまとまり、40日間——小学生の夏休みに相当する期間、ピーター博士は憧れのキモシェアハウスに住む事になった。

キモシェアハウスは大人の理想郷

ピーター博士のように、キモシェアハウスを猛烈に好きな層がごくわずかにいる（大概は一目見て嫌われるのだが）。他では味わえない珍味を楽しむ、好事家の集まりだ。

わたしもその一人で、キモシェアハウスの出来事を直接見た事はないが、聞くだけでも面白いエピソードが沢山あった。

キモシェアハウスが解散する時に行われたイベントも観に行き、その最期を看取ったのだが、あの空間がずっと大好きだった。

特にコロナ禍でライブもなくなり、外に出て誰かに会う事もできなくなった期間には、羨ましいとすら思っていた。

キモシェアハウスは、なぜこんなにも一部の人を狂信的に惹きつけるのだろうか。

ピーター博士曰くスウェーデンの人がキモシェアハウスの汚さを見たら、まず最初に「重度の精神疾患の患者」だと疑うのだという。「普通に社会で生活できる人が、あんな環境に住むわけがない」という考えになるらしい。

ピーター博士が住んでいた「ラピスの宇宙船」もスウェーデン人の視点からは相当汚かったが、それでもキモシェアハウスほどではなかった。

日本では、汚部屋やゴミ屋敷がメディアで取り扱われる事も多く、「そういう場所もあるのか」という認識は広まっていると思う。

だが「そういう場所に自分も住む」となると話は別だ。

明らかに普通ではない。周りから見たら「ちゃんとしていない大人」だと思われてしまう。

だが、キモシェアハウスの住民はそれを意に介さない。時に垂れ流し、時に自ら表現する。

大人になると「意味のない事」がしづらくなってくる。

子どもの頃は「これは意味があるのか」「将来何かの役に立つのか」なんて考えずに、毎日遊んで暮らしていた。意味なんていらない。その瞬間が楽しければ良くて、それが全てだった。

大人になるとそんな事は言っていられなくなる。

日々の仕事や勉強に追われ、意味のない事に取りかかる暇もない。

目先の楽しい事だけを数珠のように紡ぐばかりでは、生きていけるはずもない。

みんなで「意味のない事なんてやめとこうよ」と口裏を合わせたわけでもないのに、気がつけばみんながそうなってしまっている。「これが大人になるという事か」と半ばあきらめたように、同じ事をする。生きていると、そんな事を考える暇もなくなってくる。

そんな生き方は息苦しい。意味のある事だけをしないといけない世界は、正しさばかりを求められているようだ。そして、正しさばかりを求められる世界は「正しくない」人に厳しい。

インターネット上で巻き起こる、「正義」の名のもとに個人を攻撃する風潮は、そんな息苦しさも関係しているだろう。

思い切り自由に、意味のない事、役に立たない事をできればどれだけ幸せだろう。

他人の目を気にせず、汚い事もキモい事も自由にできればどれだけ幸せだろう。

キモシェアハウスには「大人はこうあるべき」という生きづらい姿から解放された、理想郷を生きる住民がいるのだ。

「もちろん、人目を気にせず〝見栄〟を捨てた末期状態でもあるんですけど」とピーター博士は付け加えるが。

そして、理想郷は外側から見ると異様に映る。

わたしがキモシェアハウスのエピソードの中で一番心に残っているものがある。

ある日、キモシェアハウスのメンバーである、サスペンダーズの古川彰悟が家から外に出ようとドアを開けたら、ちょうど隣に住むお父さんと息子さんがいて、ドアが当たってしまいそうになった。

そのお父さんが「危ねえよ」と言ったので、古川はドアが当たりそうになった事を謝罪した。すると「ドアじゃねえよ。お前ら全員危ねえんだよ。危ねえ、なんなんだよ……」と苦情を言われた、という話だ。

隣のお父さんからしたら本当に「危ない奴ら」だ。大人の男が5人で暮らしていて、しかも何やらキモい。全く意味が分からないだろう。

だが、意味が分からないからこそ美しいものがある。内情を知ればそう思えるのだが、知らなければ不穏でしかない。

この話を聞いた時にわたしは、自由にキモく生きる事は、他人から排斥され孤独な道を歩むものなのだと悟った。

本気の喧嘩が面白い理由

キモシェアハウスが面白い理由の一つは「メンバーの仲が悪い」という事だと思う。最近は芸人でも、仲が良いコンビが人気の傾向にある。

仲良し芸人のシェアハウスはいくつかあるが、キモシェアハウスは真逆の道をひた走っていた。

他人同士が一緒に住んでいるのだから、衝突する事は当然ある。普通に暮らしていれば、本気で喧嘩をする瞬間だっていくらでもあるだろう。

例えばカップルが同棲していて、大喧嘩になったとする。

些細な事がきっかけで、段々と言い合いがエスカレートしていき、勢いに任せて「もう出て行く!」なんて啖呵を切ってしまう時もあるかも知れない。止められるのは、喧嘩をしている相手しかいない。だが、お互いに冷静になる事ができず止める事もできず、そのまま別れてしまう……。そんなカップルは星の数ほどいることだろう。

シェアハウスの利点の一つが「常に第三者がいる」事だと思う。

誰かと誰かで諍(いさか)いが起きて、本気で怒り喧嘩をしても、それを見ている第三者が常に存在している。

「喧嘩をしている動画」が存在しているのがその証拠だ。

第三者が存在していて、動画を撮ってくれている。これが一対一の喧嘩だったら、当然動画なんて存在しない。喧嘩をしている相手がカメラを回し始めたら火に油を注ぐ事にしかならない。

だが、キモシェアハウスには言い合いや喧嘩をしている動画がいくつも残されている。動画の意図は撮影した本人にしか分からないし、そもそも全ての動画に意図があるのかどうかも分からない。偶然カメラを回していた、なんて事もザラにある。

キモシェアハウスの喧嘩の動画が存在している理由は「笑えるから」だろう。

喧嘩を見ている第三者が「これは面白い」と思うから動画を回す。

人の喧嘩が面白い、というのは不謹慎な事かも知れない。当人は本気で怒っていて、本気で相手を屈服させたい、論破したい、行動を省みて欲しいと思っているのに、それを外側から笑うのは失礼な事かも知れない。

でも、わたしは常々思っている。本気の感情ほど面白いものはない。

作られたネタでも面白いものは沢山あり、それを否定するつもりはない。

だが、「台本だけ」のネタが必ずしも面白いとは限らない。

漫才もコントもほとんど台本があり、練習して、舞台上で演じているだけだ。だが、その演じ方に鬼気迫るものがあり、ほんの少しでも観客に「この人、演じているんじゃなくて、本当にそう思っているのかも知れない」「本物の狂人かも知れない」と思わせたら、それだけでネタは全く違う輝きを見せる。フィクションであっても「本気の感情」というものは見ている人の心を動かすのだ。

それが、台本も演出もない、本当の喧嘩だったらどうだろう。

「なんでそんな事で本気で怒っているんだ」「そもそも、そのルールはなんだ」「なんで裸なんだ」など色々な感情が巻き起こってつい笑ってしまう。本気であればあるほど笑ってしまう。

その面白さをキモシェアハウスの面々はわたしたちに見せてくれていたのだ。

キモシェアハウスのリーダーであるガクヅケの木田は、キモシェアハウスの魅力を「動物園の面白さ」と語っていた。確かに動物園は檻(おり)の外から見るに限る。

レンタルぶさいくの衝撃

キモシェアハウスには色々な種類のキモさを持つ人間が住んでいたが、ピーター博士が特に衝撃を受けたのがレンタルぶさいくだった。

レンタルぶさいくこと篠原塁さんは、お笑いコンビ「フェー」として活動していた。だが、ある時芸人を辞めて「ブサイクを貸し出す」というレンタルサービスを開始する。世にも珍しい顔面貸付業である。

わたしがその知らせを聞いた時は、芸人を辞める事は勿論だが「レンタルぶさいくで食べていく」という事が、まるで意味が分からなくて衝撃的だった。

自分自身を貸し出すレンタルサービスがあるのは知っていたが、自らを「ぶさいく」と呼び、それを貸し出そうとするメンタルと行動力を持っている人はなかなかいないだろう。

ピーター博士もレンタルぶさいくの凄さについてこう語っている。

「普通の人間は自分のキモさが恥ずかしくて隠そうとする。でも、逆にどこまでキモさを追求できるのか、を考えて生きている人は見た事がなかったです。レンタルぶさいくは社会人として生きていたら凄い営業成績だったかも知れないけど、その能力を利益や生産性に繋がるものに使わず、ただ単にキモさを表現する事に費やしている。キモさを限界まで追求した果てには何があるのか？　という課題を、自分の人生をかけて見せてくれている。その姿は芸術と言っても過言ではないと思います」

キャラを演じてコンテンツを作るだけではなく、自分の人生自体をお笑いにする。ぐんぴぃも実践している事ではあるが、彼以上に実践しているのがレンタルぶさいくだという。

それを象徴する出来事がある。

突然フィリピンに移住することに決めたのだ。

コロナ禍によりレンタルぶさいくのサービスが下火になってしまった篠原さんは自暴自棄になってしまう。

その結果、朝から晩まで四六時中、死んだ目で『実況パワフルプロ野球』をプレイするようになった。

オリジナルの野球選手を作れるサクセスモードで、「レンタルぶさいく」という名前のキャラを何百体も作り続けた。特に強い選手はキャラメイクで目を一つにして「単眼族」とし、果てには単眼族だけのチームを二つ作り、それをコンピューター同士で戦わせて、試合観戦しながら飯を食う、という常人には思いつかない（メーカーも推奨していない）遊び方を実践していたらしい。

他にも「ルイバブミルク」というオリジナル変化球（投げると画面が真っ白になるという凶悪なエフェクト付き）を作り持ち前のキモさを遺憾なく発揮したり、腹が立つとテレビの音量を100にして「実況!!!パワフルプロ野球!!!!」という爆音で同居人を叩き起こすという、ダーティプレイも行っていた。

そして、ストレスがたまると所構わず「ウォーーー」と吠えるようにもなった。

何も知らない人が「犬飼ってるの？」と言うほどの吠えっぷりは、同居人が家でネット生配信をしているところにも入り込み「今、同居人が吠えましたね。すみません」という聞いた事のない謝罪に追い込む事もあった。誰もがレンタルぶさいくは終わったと思った。

そんなある時、彼はフィリピンに移住する事を決心する。

「セブの平均月収は2万円って言われてて。俺は日本の会社のフィリピン支部に行くから給料が毎月10万円貰えるんだ。平均の5倍。向こうならプール付きの豪邸でセレブ暮らしができる」

そう言って、本当にフィリピンに旅立ってしまった。

しかし、彼がセレブになる事はなかった。

セブに着いて分かったことだが、情報収集がまるで間違っていたらしく、物価が日本とほとんど変わらなかったのだ。日本の平均初任給の半分の月収で、日本と変わらない価格帯の国で暮らすというサバイバル生活がいきなり始まってしまった。

その頃は硬いパンに煮干しを一匹挟んだだけの、通称「カラスのごちそう」で飢えをしのいだのだという。日本に帰国する旅費すら貯められず、完全に詰んでいた。

当時わたしは、ぐんぴぃを始めキモシェアハウスのメンバーが話すラジオや配信をよく聴いていて、彼の話題もよく上がっていた。

「外で寝ていたら目の前に目が血走った野犬がいた」「ヤシの実がよく落ちて来て直撃したら死ぬ」など異世界ファンタジーゲームみたいな世界の話を聞いてゲラゲラ笑っていた。

本来なら「そんな厳しい環境にいて大丈夫?」と心配するような状況だが、レンタルぶさいくだとなぜか心配よりも笑いが勝ってしまう。

まさに「生き様が芸人」という事だろう。

そして、ピーター博士が好きな笑いがまさに「生き方を懸けた笑い」だった。

「上手い事を言って笑いを取る、というのも面白いですけど、その人のプラスにしかならない。自分の人生を懸けた笑い、自分の生き様を笑いにする人たちは、マイナス面のコストを背負い込んででも、それを表現したいという次元にいる。そう考えると更に面白いです」

スウェーデンには漫才やコントといった文化はなく、コメディアンは一人で舞台に立って何かジョークを披露して終わる。

育った文化も影響しているが、ピーター博士はコントよりもフリートークや日常で巻き起こる笑いが好きだという。

「コントだと演じているキャラが面白い事をするけど、僕はやっぱり、フリートークで、面白い事をただ言っているだけじゃなくて、この人が言ってるから面白い、という笑いが好きです」

ぐんぴぃを通してレンタルぶさいくとも交流を深めたピーター博士。

その後、バキ童チャンネルでレンタルぶさいくを救出しにフィリピンに行った際も同行し、紆余曲折ありながらも最終的に救出に成功している。

そして、スウェーデン、オランダなど世界各地を一緒に旅行する仲になっていくのだった。

どんぴいは友達か研究対象か

野暮と分かったうえでピーター博士に質問してみた。

――どんぴいは友達と研究対象、どちらですか？

「もう完全に友達ですね。研究面からも興味深い人だという事は否定できないけど、友達の面の方が大きいです」

万が一「今も昔も研究対象としか見ていませんよ」と返されたらどうしよう、と思っていたが、さすがにそんな事はなかった。

だが、「研究対象として全く見ていない」と言われればそれも完全には否定できないそうだ。

「スウェーデンで出した本（『我が道を行く――霧の中の非モテ男性たち』（和訳））の主

人公の一人がバキ童なので、全く研究に使ってないとは言えないですよね。だから、彼の生き方はアカデミックな視点から見ても非常に興味深くはあります。当然、友達ではあるけど興味深い哲学を追求している友人で、その哲学を分析する事も自分にとって価値のある事です」

研究者として生きている以上、興味深い存在である事は否定できない。

とはいえ様々な制約を振り切ってキモシェアハウスに住み始め、子どもが生まれた直後だというのに、レンタルぶさいくを救出するためフィリピンに行き、スウェーデンにぐんぴぃを招き、オランダには普通に遊びに行っている。

ただの研究のために行動しているのではなく、友達と楽しく過ごすために動いている。それはＹｏｕＴｕｂｅの画面を通してもよく伝わってくる。

しかし、「完全に友達」になるまでに、また別のグラデーションも存在していた。

ぐんぴぃに対する罪悪感はあるのか

間接的とはいえ、自身の研究によってバキ童は生まれてしまった。

その事に対してはどう思っていたのだろうか。

「僕の論文によって、デジタルタトゥーとして一生残ってしまうのは問題だなと思っていました。僕が論文を書いた背景を考えるとなおさらです」

罪悪感に近い感情があるのは確かだった。パートナーの妊娠もぐんぴぃにはちゃんと伝えなかった。

特に出会った頃はまだバキ童チャンネルも始まっておらず、名も知られていない芸人だったから、一般的なルートから外れていった事も関係していただろう。

しかし、ぐんぴぃはその逆境も力にしていった。

バキ童チャンネルも童貞をいじる内容からどんどん変化していき、それを見ているピーター博士の心境も変化していった。

「今では童貞とか関係ない活躍をしているので、そっちの方に踏み出してからは、罪悪感はかなり薄れていきました。僕の論文がなくても、ぐんぴぃさんの才能と努力で有名になっていたと思いますけど、トータルで見れば、ぐんぴぃさんの夢や野心通りに、彼のポテンシャルを多くの人に見てもらえるきっかけにはなったので、その点では僕の論文が貢献した事は嬉しいです」

始まりは複雑だった二人だが、今では対等な友達として付き合えるようになったのだという。

ちなみにピーター博士が罪悪感を覚えていることは、当のぐんぴぃにも伝わっていた。

「僕に対してピーターは変に遠慮していたように思う。例えば結婚することや、お子さんが生まれる話なんかは、とにかく言いづらそうだった。仲間うちで話してて、僕がソッポ向いてるタイミングを見計らって『子どもが生まれます』ってありえないぐらい小声で言ってたらしい。僕は気づきすらしなかったのを、横にいた土岡が聞き取って教えてくれた。

バキ童を背負わせたにもかかわらず自分だけ幸せになって申し訳ない、みたいな気持ちがあったんですかね。全然大丈夫なんだけどな。確かに元凶でもあるけど、友人でもあるんだから。友達の幸せなんだから思いっきり祝福できる。

今じゃ彼の息子・セサルくんと僕は兄弟だと思ってますよ。ピーターのおかげで生まれた二人なんだから。僕はお兄ちゃん。セサルくんは嫌がるだろうから、物心がつくまでは言いふらすつもりです」

二人の関係は、きっと二人にしかわからない関係性で続いていく。それでいいのだ。

第5章

シン・YouTuber芸人

春とヒコーキは人を落とす笑いはしない？

広く知られれば知られるほど、本質は理解されにくくなる。

それは当然の事だが、ぐんぴぃも例外ではなくその渦中にいる。

「最近は、春とヒコーキは人を傷つけない笑いだから好きってよく言われて困っている」

この話を最初に聞いた時は驚いた。

少なくともわたしが知るぐんぴぃは「人を傷つけうる人間」人間だからだ。

勘違いしてほしくないが、誰彼構わず悪口を言ったり、裏では横柄だったりする「いわゆる悪い人」ではない。失礼な態度を取られたり、舐めてかかってきた相手を容赦なくボロクソにこきおろす男だ。

そもそも「芸人が良い人でないといけない」という風潮自体に疑問がある。

「人を傷つけない笑い」という言葉が世に出てからしばらく経つが、ぐんぴぃはそんなものは幻想にすぎないと語る。笑いというものは、必ずどこかに意地悪な視点があり、常に誰かを傷つける可能性があるものなのだ。曰く「だから人を傷つけた事が分からないお笑いがいいんだろうな。斬られても痛くもなければ血も出ない、かまいたちみたいな。芸人の方じゃなくて、本物の。あの、妖怪の方ね」後半やかましいわ。

「過大評価されている食べ物について話す動画を上げたんですけど、これが今までで一番コメント欄が荒れたんですよ」

バキ童チャンネルの数ある動画の中で一番荒れたものが「食べ物」だったらしい。

自分が思う過大・過小評価されている食べ物を挙げてそれについて語る動画内で、ぐんぴぃは過大評価されている食べ物として「梅干し」を挙げた。

「そんなに美味しくない」「梅干しは老害、オワコン」と梅干しに関する自身の見解を述べ、その発言に対し批判が集まった。

「好きな人の気持ちを考えろ」「梅干しを一生懸命作っている人もいる」

インターネット上の発言は、批判しようと思えばいくらでも酷評できる。短い文字数、短い動画内で全員を納得させるよう耳心地の良い発言をする事は不可能だ。

切り取り方や、見た人の捉え方次第でどうにでもなる世界で生きている。

お笑いとしてその食べ物の動画を捉えるなら「梅干しの事でそんなに熱くなって、ぐんぴぃは変な奴だなあ」でいいはずなのに、それをお笑いで捉えられない人もいる。

そういう人が悪いと言っているわけではない。そういう人がいるのは、もう仕方ない事なのだ。

そのうえで、ぐんぴぃは言う。

「多分、何かを悪く言うっていうお笑いが合ってないんだろうな。印象に合ってないのか、今の立ち位置に合ってないのか分からないけど、とにかく合ってない」

悪口を言ってそれが笑いとして成立している人は沢山いる。いわゆる「毒舌キャラ」というやつだ。

他の人が言えば炎上しそうな事でも、全く波風立たずにただ笑って済まされる事が多い。

その理由はいくつかあるだろう。人を悪く言うが、クオリティが高く面白い。言い方に品がある。愛情が裏にあるのが見えている。年齢や容姿も関係してくるかも知れない。だが一歩間違えれば「失礼な奴」とされてしまう。言っている事が同じでも「こいつが言うと笑えない」なんて言われてしまう。

人が笑えるか笑えないかの判断は意外と適当だ。

そもそも、みんな「この人はどんな人なんだろう」と真剣にテレビもＹｏｕＴｕｂｅもお笑いも見ていないだろう。テレビに映った一瞬の出来事で、よく知らない人の事を「今ので嫌いになりました」と平気で言ってしまう時代なのだから、考えだしたらキリがない。

それでもぐんぴぃは「ウケないなら悪口の笑いはしない」と言う。

最初は批判が集まっても、続けていけば「この人は普通に悪口も言う人なんだな」と理解されて、次第にウケるようになると思うが、本人の感覚としては違うらしい。

「冷笑・露悪が歓迎されていたゼロ年代のネットで青春を送ったので、その楽しさは覚えています。でももう受け入れられないですよね。貧しくなったり閉塞した気分だったりで、多くの人が不快なコンテンツに耐えられなくなってる。

不謹慎なお笑いって面白さが中途半端だと炎上するイメージがあります。どうせやるなら不快感を吹き飛ばすぐらい、誰もが笑っちゃうぐらいよっぽど面白くて爆笑をとれるネタじゃなきゃダメ。だから、まだまだ芸を磨く必要があります」

現時点でのぐんぴぃは、とにかくウケる事を最優先している。

何が何でもウケてやる

ぐんぴぃがウケる事を最優先にしてきた事を表すエピソードがある。

「青学落研時代に、年配のお客さんの前で落語をやったんですよ。そしたら全然ウケない。最初は笑わないお客さんが悪いと思っていたんです。レベルが低いって。でも何をやってもウケないから、〝この人たちにきちんとウケる事をしないとダメだ〟と思って昔の落語や漫才を研究するようになった。そしたらちゃんとウケるようになったんです」

全員が笑うネタは存在しない。老若男女幅広く笑うようなネタも存在するが、その中にも必ず取りこぼしている層はいる。尖った笑いばかり観ている大学生や、そもそもお笑いに興味がない人。または、極端な例だが日本の文化を全く分からない外国人などは当然笑わないだろう。

ダウンタウンの二人は若い頃「自分たちの笑いは年寄りには分からない」と言い切っていたが、別にこれは彼らだから思う事ではない。

芸人はたいてい（特に若い頃は）、心の中は尖り切っている。表面上はそう見えなくても自分たちが一番面白いと思っていて、ウケなかったら「この笑いが分からない客が悪い」と思うのが普通だ。

特に、ぐんぴぃは高校生の頃「松本人志を倒すのは自分だ」と尖っていた過去もある。落研時代も自分が一番面白いと思っていた。

だが、年配のお客さんの前でウケなかった事を「俺の笑いは若者しか分からない」と言うのではなく、きちんとウケる努力をした。

松本に影響を受けながら、その部分が違うのはなぜだろう。

「これもまた、太田さんなんですよね。松本さんと太田さん、両方から影響を受けている」

松本は「本当に面白いものは人を選ぶ」と言い、太田は「演芸は全員を笑わせないといけない」と言う。そして、大学の頃からぐんぴぃは太田の考えに寄り始めていった。

「芸人って〝笑われる〟のではなく、〝笑わせる〟方が偉いって考えじゃないですか。意図していない事で笑われるのと、意図通りに笑わせる事は雲泥の差があって、全く別物のように感じる。でも太田さんは言うんですよ。〝別に笑われてもよくない？〟って。結果的に笑っているのは同じだからどっちでもいいって。その考えを初めて聞いた時は衝撃だった」

二人の考えが混ざり合って、自分の中で咀嚼していき、段々と自分の考えになっていく。その結果ぐんぴぃは「誰にとっても、一番ウケる人でありたい」という考えになっていったのだった。

それはいばらの道だとわたしは思う。

「人を選ぶコアな笑いも、みんなが楽しめる笑いもYouTubeではどっちも挑戦しているつもり。でも、全員を笑わせたいけど結局自分と近い人しか笑わせられない、というジレンマもある。だから色々なジャンルの動画を投稿して、〝今回は下ネタを好きな人を笑わせよう〟〝次はシュールなのが好きな人を笑わせよう〟と変えていっている」

同時に沢山の人を笑わせる事の難しさを分かっているからこそ、方法にはこだわらない。綺麗な笑いの取り方ではなく、笑われているだけでも結果的に笑ってもらえるなら何でもいい。

最近は、面白い事を言うべきタイミングで何も浮かばず「ガー！」と吠えてしまう事も多いらしい。大丈夫か、とも思うがそれはそれで笑う人がいるから別にいいか、というマインドになってきているらしい。

きちんと振って自分で落とす事もするし、急に吠えて暴れて土岡やその場にいる人が気の利いた事を言って落とす場合もある。

「常に面白い事を言い続けるのが理想だけど、そういう人生じゃないんだろうな」

自分一人の力だけでなくても、他人と協力して笑いを生み出す。コンビでお笑いをしている強みはまさにそこにある。

春とヒコーキのコンビとしてのバランス

春とヒコーキのコンビとしてのバランスの良さは、お笑いの能力と人間性、それぞれで魅力を発揮している。

創作落語を始めとして、土岡が生み出すネタはどれもが独自性がある。

コントには様々な種類がある。

設定が面白いもの、物語が面白いもの、やり取りが面白いもの。どれかに突出しているものもあるが、大抵はこの三つが混ぜ合わさってコントができあがる。

春とヒコーキのコントの面白さの軸は、やり取りの面白さにあると思う。

特に土岡がツッコミの時のコントは「面白いセリフ」がバンバン出てくる。

コントとしてのリアリティを重視している人は、「この状況の人はこんな事を言わないだろう」と批判をする事もある。いくら面白くても、場に沿わなければそのセリフを削るコント師もいる。

だが、土岡のセリフはそんな事を考える前に、単純に面白いから笑ってしまう。「面白い事をただ言う」という、お笑いの原石でぶん殴られる衝撃を覚える。それは一年目の頃からずっと変わっていない。

土岡は映画や本の評論が好きで、自身も作品を解釈して独自の感想を持っておきたいという気持ちがあるそうだ。

「ネタを作る時も〝今起きた事は何なのか〟を解釈してツッコむ事をやりたいんです」

二人のネタはボケという現象に対して俯瞰からのツッコミが多いイメージがあったが、それは土岡の面白さの美学から来ている事だった。

古典落語を改変して演じていた過去も関係している。

「大学の時に自分は演技が下手だから、別の部分で落語を面白くしようと思ったんです。それでセリフで勝負しようと思って、古典落語の決まり切った台本を別の視点で解釈して、そこで個性を出そうとしてた。映画評論や文学評論を見ていて、〝一つの話でも実はこういう事を表している〟と学んでいたので、落語でもやればいいかって。そう考えればただ散歩するだけの話も〝人間のこういう部分を描いている〟と解釈して、哲学っぽい俯瞰したセリフを言ったら、いちいち仰々しくて面白いかな、とか。そういう事を言うのが好きになって、コントでも続いている感じですね」

古典落語は、話の筋がしっかりしていて、登場人物は状況に合わせた自然なセリフで笑わせる演目になっている。

しかし、わたしが観た土岡の落語は、登場人物が時代に合わない事を口走るし、場所も空間も自由自在に飛び回りひたすら面白い事を言っていく。

落語はコントと違い「これがこうなりました」と言えば「実際にそうなる」ものだ。つまり、縛りも制約もなく自由に面白い事を喋っていい。

これは一見、楽に感じるかもしれないが逆である。私は想像しただけで恐ろしくなる。

なんのお題もないのに「では、何か面白い事を言ってください」という大喜利をずっと続けているようなものだ。

しかし、落語でそれに慣れ、コンビでもそのやり方を踏襲する事で、春とヒコーキのコントは唯一無二のものになっている。

しかし、土岡にも苦手な分野がある。

平場などで他の人が盛り上がっている時に、話を振られる存在感や、自分も入っていく突破力がないという。

そこを補っているのがぐんぴぃだ。

どんな場面でも突破力と存在感を発揮している。バキ童になる前から、ライブの平場でも独特な異物感を醸し出し、MCもつい話を振りたくなる。

見た目や雰囲気以外にも「この人に話を聞きたい」と思わせる何かがあるのだ。

その能力は一朝一夕で身に付くものではない。天性の能力だ。

ライブでもテレビでも「ガヤ」というものがある。

話題の中心にはいない演者が外側から声をあげて、場を賑(にぎ)やかすテクニックだ。

芸人には必須のスキルで、ガヤを受けて中心で事が進んでいく。

しかし、ぐんぴぃがガヤを入れるとMCが「ぐんぴぃ、どうしたの?」と話を振ってくるのだという。賑やかしのために適当な事を言っていただけなので、当然言いたい事などない。

存在感があり過ぎてガヤができない、というのは凄い能力だと思うが、本人は「邪魔をしたくない」という気持ちになって、最近はガヤをやめてしまう事があるらしい(逆に土岡はガヤが得意)。

そして、何もない状況を打破する力。

何も突破口がない場所でもとりあえず、突っ込んでいく。その先に何もなくても問題ない。隣には土岡がいて、面白くしてくれるという安心感がある。

コンビはお互いの長所をより伸ばして、短所を補うためにあるという事を二人を見ていると実感する。

そして、コンビはお笑いの能力だけではなく、お互いの人間性も補う事ができる。

二人の人間性が近いから輝くコンビもいれば、離れているから輝くコンビもいる。

春とヒコーキは後者の側面が大きい。

まず、ぐんぴぃは土岡のお笑いのセンスは信頼しているが、基本的に「触れていけないヤバい奴」だと思っている。落研で出会った時は従順な後輩のような感じだったのに、いつからかぐんぴぃを舐めるようになってきた。

ぐんぴぃが喘息になり、ゼェーゼェーと咳に苦しんで息も絶え絶えになっている時も一人だけ大笑いしていて周りのスタッフがドン引きしている……といった話が山のようにある。

しかし、それで二人が仲違いする事もなく、仲良く活動を続けている。

昔は、コンビは仲が悪い方がカッコいいという風潮があった。お互いの連絡先すら知らないコンビも多かった。

しかし、最近は仲が良いコンビが人気を集めている印象がある。

ネタや平場だけではなく、ラジオやＹｏｕＴｕｂｅなどで目にする機会が増えたからだろうか。「もしかしたら、この二人は仲が悪いかも知れない」などと言われる事も多くなる。

仲が悪いコンビは、それはそれで「仲が悪いのにお笑いの能力は信頼している」「本当は力を借りたくないのに、相手が強いから背中を預けて共闘している」という感じがしてわたしは好きだが、それでもやはり世間は仲の良いコンビを求めるだろう。「仲が悪くても面白ければいい」という人もいれば、「楽しそうに話しているところが見たい」という人もいる。

お笑いを日々の癒やしのために見ている人の中には、後者も多いだろう。いくら面白かろうとギスギスしている人は見たくない気持ちも分かる。

そうなると春とヒコーキの仲の良さは、自然と伝わってくるので見ていて安心できる。

わたしも最初はネタからお笑いを好きになったが、次第に芸人そのものやコンビの関係性も含めて興味を持つようになっていった。

やはり、ネタの面白さだけではなく、人間性もお笑いにおいて必要な要素になってきている。

「人(ニン)」が伝わると面白さは加速する

お笑いの定説として「コント師は二回売れないといけない」と言われている。

これは、バナナマンの設楽統が唱えたもので、一回目は「ネタが認められて売れる」という流れ。賞レースやその他のテレビやメディアでも、芸人が世に出るきっかけは大抵ネタである。面白いネタを披露する事が「面白い芸人である」とほぼ同義と言ってもいいだろう。

しかし、一旦メディアに出た後はネタの面白さはそれほど重要視されない。ただネタを披露するだけの番組などはあまりなく、芸人として平場の面白さを試される機会が増える。そこで、ネタ以外の面白さを出して「平場のキャラ」を定着させる必要があるのだ。

コント師は一回売れないといけない、という事は漫才師は違うという事になる。

芸人の中でも漫才師は特に「人(ニン)」が大切だと言われている。

M-1グランプリ2005王者のブラックマヨネーズが、歴代の王者の中でもそれを体現している漫才師だとわたしは思う。

考え過ぎてしまう性格の吉田敬が小杉竜一に悩みを相談するが、どんな提案にも「でもなあ……」と納得がいかない。最初は考え過ぎるがゆえにおかしな事を言っている吉田だが、ヒートアップするうちに小杉がおかしな事を言うようになっていく。

当初は「コンビニの店員やるから客やって」というような、コントに入る漫才をしていたが、自分たちのラジオを聴いて「自分たちらしい事を言い合っている方が面白い」と気づき、それを漫才に落とし込んだところ、今のような漫才のスタイルになっていったそうだ。

そのままの人で漫才ができると強い。

平場でも漫才のキャラクターが浸透しているので「あなたは何をしてる人なの?」

と聞かれなくても、全員が分かった状態でお笑いをする事ができる。

コント師が二回売れないといけないというのは「ネタがコントで、そのキャラクターを演じているから、実際のその人が分からない」という理由である。キモいコントをする奴が本当にキモいとは限らないのだ（わたしの主観では大抵キモいが）。

世に出るためにはネタの面白さに加えて、その人自身が面白くならないといけない。

そのために、自分たちを活かした漫才をする事が大切になっていくが、そこに春とヒコーキも足を踏み入れようとしている。

以前は「自分たちは漫才に向いていないからコントだけ取り組もう」という気持ちだったが、ライブを主催するなど、また漫才に前向きになってきた。

「コントはキャラを演じているから、お客さんもそのキャラで見てくれるんですよ。でも漫才は素の自分たちを見られる。台本はあるからその通り演じるけど、演じ方が下手だったから違和感があったんでしょうね」

元々、自分たちは演技が上手くないと語る。コントを作る時も、演じやすいような役柄をその人に合わせる、いわゆる「当て書き」で台本を作っていた。

しかし、最近はコントの作り方も変わってきているという。

以前は、台本をしっかり覚えて一字一句間違えないように言ってきたが、最近はなんとなく覚えて、場面に合わせてその場で出た本当の言葉で演技する事も増えた。

一見すると、これは「適当に演じているだけではないか？」と見られるかも知れないが、自然な演技のためにはこういう部分も必要になってくる。

勿論、台本を演じる事も大切だが、それ以上に大切なのは「実際にコントのキャラの心情になって演じる」という事である。

台本を書いている時点では明らかになっていなかった感情も、実際に声に出して演じてみれば明らかになる事もある。練習ではピンと来ない箇所も、客前に立ち感情をこめて演じれば腑に落ちる事もある。その時に、「リアルな感情には沿っていないけど、でも台本ではこうだからこうしよう」としてしまっては感情を無視したコントになってしまう。その作為的な部分は観ているお客さんにも伝わってしまうものである。

台本を読み、流れをある程度把握したうえで、その場の感情を大切にしていれば言葉も自然と出てくる。その「自然さ」をコントで学んだ今なら、漫才でも自然な掛け合いができるのではないかと思ったのだった。

「YouTubeで二人の人間性も何となくバレて、やりやすくなった部分もある。僕がヤバい事を言って、それを訂正する役の土岡が自然ともっとヤバい事を言う、みたいなやり取りが平場でもラジオでも増えてきて、それをそのまま漫才に落とし込めばいいじゃん、と思えるようになった。そう簡単なことじゃないし、M-1みたいな短時間に落とし込むには時間もかかるだろうけど」

あのブラックマヨネーズと同じようなエピソードを聞いて、今後どのような漫才が観られるのか非常に楽しみだ。

初めてのキングオブコント準決勝進出

2024年8月。春とヒコーキはキングオブコントの準決勝に進出した。

キングオブコントは2008年から行われている、TBSテレビが主催・運営するコントのコンテスト大会だ。2024年は大会史上最多の3139組がエントリーしている。

賞金1000万円と「日本一のコント師」を決めるこの大会は年々規模が大きくなり、厳しいものになっている。

キングオブコントの予選にはシード制度がある。その内容は「過去の準決勝進出者は一回戦免除」および「過去の決勝進出者は二回戦免除」というものだ。

そして、これが最も重要だが「シード権保持者は前回成績にかかわらず無期限で有効」となるのだ。過去に一回でも準決勝以上に進出した組は、その時点でずっとシード権を使い続ける事ができる。そして毎年、初めて準決勝に進出しシード権を得る組が現れる。

「二回戦から登場する組」は毎年増え続けるのだ。しかし、二回戦に進出する組数の上限は決まっている。つまり、年を重ねれば重ねるほど、二回戦に進むハードルが高くなる。当然、それ以降も同様だ。年々、厳しくなるのはそういう事である。

そして、厳しいのは準決勝に進出しないとシード権を得られないという事。

２０２４年、準決勝に進出したのは35組。ここまで到達できるのは全体のわずか１・１％だ。このたった１・１％の中に入らなければ来年はまた一回戦から挑戦する事になってしまう。

数字を沢山出してしまったが、要は途轍もなく難しいという事だ。

一回戦から何度も挑戦するというのは、芸人にとってプレッシャーになる。どんな面白い組でも、空気に呑(の)まれて敗退してしまうケースがよくある。そうでなくても、みんな本気なのだからどんな時でも油断はできない。誰にだって勝てる可能性があり、誰にだって負ける可能性がある。出場者は決勝を狙うのは勿論、まずは準決勝に進出しシード権を得るという事も重要になる。

春とヒコーキが初めてキングオブコントの準々決勝に進出したのは2022年。

2017年から挑戦を続けてきて、勝ち進んでも最高が二回戦までだった。

普段のライブでいくらウケていても、キングオブコントの予選には関係がない。一発勝負で結果を残さなければ、どんな有名な組でも容赦なく落とされてしまうのが賞レースの怖いところだ。

ぐんぴぃはどれだけ知名度が上がってYouTubeで成功しても、ネタで勝負したい気持ちがあった。

「土岡の書くネタは面白いし、ネタで売れたい気持ちがずっとあった。でも、どうしてもバキ童の印象が強くなってしまい、ネットでは〝トークとかYouTubeは面白いけど、ネタはからっきしだなあ〟と言われる事もあった。ネタで分かりやすい結果が出るまでは今後も続くだろうなあ」

賞レースの結果だけが芸人の全てではないが、面白さの一つの指針にはなる。

春とヒコーキにとっては、キングオブコントは自分たちのネタの面白さを証明するための、大切な舞台だった。

わたしは、春とヒコーキが出演するキングオブコントの準々決勝を客席で観ていた。

渋谷のさくらホールというキャパ５００以上もある大きな会場の二階席の後方、舞台からは距離が離れていたが客席全体の雰囲気は摑(つか)む事ができた。

賞レースの予選というのは、本当に独特の雰囲気がある。

様々な賞レースの客席に足を運んできたが、どんな面白い組でもその日の空気によって出来が毎回変わる。ライブでどれだけウケていても、その日の一発勝負というのが怖いところだ。

春とヒコーキが出演した日は、ライブシーンの実力者からＴＶの人気者まで幅広く出演する日だった。さすがに準々決勝まで進出する芸人は皆面白く、会場では何度も爆発的な笑いが巻き起こっていた。

出番が近づくにつれ、なぜかこちらも緊張してきた。

毎回そうなるが、親交のある芸人の賞レースの出番の時は、子どもの習い事の発表を見守る親のような気持ちになる。子どもの習い事の発表を見守った事はないが、きっとこれに近いだろう。

二人が暗転板付きで出番を待った。

ネタが始まる。

明転時になんのネタか瞬時に把握する。春とヒコーキのネタはライブで共演した時は必ず観ているし、単独ライブも観に行っている。大体のネタは知っている。

「このネタは準々決勝のお客さんに受け入れられるのだろうか」とうっすら思いながら、ネタが進行していく。最初のボケまで時間があるネタなので、こちらも緊張していく。

そして、一発目のボケ。

「大爆笑」という言葉しか思い浮かばないほど、大きな笑い声が会場に響き渡った。

広い会場だと「一部分だけがウケていて他はあまり」という事も多いが、自分の席から見た限りは、５００人全員が大笑いをしていた。

単独ライブでも観た事があるネタだったが、それ以上にウケていたのではないだろうか。自分たちだけを観に来る単独ライブのお客さんは基本的に温かいが、賞レースの客席はそうではない。初めて見るどころか、存在が知られていない可能性すらある。そんな状況でここまでウケているのは、異常な事だった。ウケ過ぎて二人のセリフが聞こえないほどだった。

その後のボケも全てハマり5分間を駆け抜けた春とヒコーキ。賞レースはウケ量だけで決まるわけではないと分かっていたが、それでも「これは行っただろう」と思わざるを得なかった。自分が観た限りではトップクラスにウケていた。

そして、春とヒコーキは準決勝に進出した。面白い人たちが正しい評価を受けた事が自分の事のように嬉しかった。

「準決勝に行くなんて全然思わなかったな」

準決勝が終わった後、ぐんぴいはそう話した。

「自信なんてなかったし、そもそも今年はライブにも全然出られてないから場数も踏めてないし。各予選日の前に少しだけ出させてもらってすぐ本番、って感じだった。なんなら準々決勝も危ないと思ってた」

あのウケ具合いを観ている身からすると信じられないが、本人的には全然そんなつもりはなかったのだと言う。

「そもそも、準決勝の前日に新ネタライブをやってるからね」

そう。準決勝の前日、春とヒコーキは新ネタライブを開催していた。ギリギリになってもいいから良いネタを作るんだという気合の表れかと思っていたが、そういう事ではなかった。単純に「準決勝に上がるのは無理だから、前日でもいいか」という気持ちで事前に開催を決めていたのだった。

予想に反して準決勝に行ってしまったものだから、新ネタの他に準決勝でするネタ2本も披露する事になってしまった。

ちなみに、新ネタライブをした事がない人（ほとんどそうだろうが）には想像しにくいだろうが、新ネタライブの日には大体新ネタはできていない。少なくともわたしも含めて周りの芸人も新ネタライブの当日に「もう全部完璧です」と余裕ぶってゆっくりしている人など存在しない。全員がギリギリまでネタを直したり、台本を覚えていたりしている。芸人は基本的にだらしない生き物なのだと覚えてもらえると嬉しい。

　新ネタだけで手一杯のそんな日に、追加でネタを2本、しかもキングオブコントの準決勝でする予定のネタが増えるなんて想像するだけで怖ろしい。

　何はともあれ、春とヒコーキは準決勝に進出した。

「知名度が以前より上がったから、それでウケたっていうのはあるんでしょうね。バキ童になってしまって、ＹｏｕＴｕｂｅも始めて、理想としていたネタ職人的な芸人のルートからは外れてしまっていたけど、この道も間違っていなかったとも思えた」

　ＹｏｕＴｕｂｅで結果を出せば出すほど、目指していたお笑いから外れてしまうというジレンマがあった。

　今回の結果でまた違う景色が見えてきた。回り回ってまたお笑いに戻ってきた。

しかし、決勝には進めなかった。テレビでネタは披露できなかった。高い壁である。二人は肩を震わせて悔しがっていた。

チャンネルの登録者が増えるたびに、周りから「すっかりＹｏｕＴｕｂｅｒだな」と揶揄される事も多かったという。芸人とＹｏｕＴｕｂｅｒの線引きも最近は曖昧になってきているが、それでもまだその線をハッキリと分けたい人もいるのだろう。

わたしは、出会ってから今までずっと二人の事を芸人だと思っている。

ネタを大切にして、どんな場面でも「ウケる事」を最優先するマインドがあれば、芸人で居続ける事ができる。

わたし自身もお笑いの活動の他に、アニメの脚本を書いたり、ブログで笑いどころがない真面目な文章を書いたりしている。一般的な「芸人」からは少し離れた活動をしているという自覚があるから、単独ライブはずっと大切にしている。それは自分が「芸人だ」と胸を張って言うためのセーフティーネットでもある。

方向性も規模も違うが、自分が芸人であるための道標（みちしるべ）として春とヒコーキを見つめている部分もある。彼らが芸人である以上、自分も芸人で居続ける。

以前、春とヒコーキの60分ソロライブがあった。

そこで、予定していたネタを全て披露したのに、時間が余ってしまうというハプニングがあった。

二人を観に来ているお客さんなのだから、トークで繋いでも問題ないとわたしは思ったが、ぐんぴぃはすぐに言った。

「ネタ、もう一本やります！」

そう言って披露したネタは、かつてわたしが主催した『「こんなキモいネタ、姪っ子の前でやってもいいのか？」という不安をみんなで解消するライブ』でも観たネタだった。

小学校の運動会を見に行くも、不審者と思われないためにおちんちんを切除してきた男、という内容で、「準備をせずにすぐにできるネタがそれなんだ」と思うとよりキモかった。

でもカッコよくて、面白かった。

あの時わたしが見たのは、目の前の人を絶対に笑わせようとする、まぎれもない芸人の姿だった。

第6章

童貞たちの夜明け

「童貞お笑い」への疑問

芸人は「自分が持つ武器」を使って笑いを取る。

趣味や特技を披露する事もあれば、自分の内面を極端に押し出してキャラにしている人も沢山いる。

何か一つは武器＝強い個性を持っていないと生き残れない厳しい世界だ。

ぐんぴぃは様々な武器を持っているが、一番大きな武器は「童貞」だろう。

性経験がない人として知名度を得て、バキ童という強過ぎるキャラを手に入れたぐんぴぃは、色々なメディアに「童貞」として出演して〝童貞お笑い〟を繰り返してきた。制作側も童貞である事を期待してオファーして、ぐんぴぃも童貞として返す。奇妙な需要と供給がマッチしてお笑いの仕事としては何も問題ないように見える。

だが、本人の考えは違うようだ。

「実は童貞お笑いはもうできなくなってきている」と言う。卒業したわけではないのに、だ。

童貞お笑いと言えば、例えば「共演するセクシー女優に誘惑されたら、ウブなぐんぴぃは耐えられるか」というような構図をよく見かける。未経験ならではの初々しいリアクションを期待されて、焦ったり戸惑ったりする姿を視聴者は面白がる。

確かに当初は、人生で味わったことのないスケベなシチュエーションに、本気で焦って戸惑っていただろう。

しかし、人間は同じ事を繰り返していると慣れてしまう。

童貞お笑いに関しても例外ではなかった。仕事でセクシー女優に会い過ぎて、もう耐性がついてしまったのだ。

特にバキ童初期の頃は「セクシー女優を始めとする様々な女性と共演して焦るぐんぴぃ」というシーンをよく見ていたが、さすがに何度も共演を繰り返すうちに慣れてしまったようだ。

加えて、セクシー女優のプロフェッショナルぶりを目の当たりにした事も大きい。先ほどまで誘惑していた女性が、カメラが止まるとプライベートな領域には一切踏み込ませない。当然、連絡先なんて交換できるわけがない。AVの虚構に疲れてしまったと、ぐんぴぃは大仰に語る。

他にも童貞お笑いと言えば「今すぐ卒業したいです」と前向きに女性に向かっていく、というような構図もあるが、ぐんぴぃ自身がそういうタイプではないので、そのお笑いも辛くなってきていた。

童貞お笑いはもう手放していいと思ってはいるが、捨てる事への恐怖もある。それは「生きていて童貞じゃない時がないから、卒業したらどうなるか分からない」という恐怖だ。

自分の考え方や生き方、何よりお笑いのスキルが失われてしまう恐怖がある。「童貞は想像力が豊かだから、童貞にしかできないお笑いもある」と言う人もいるぐらいだ。それに関しては「比較してみないと分からない」と言うしかないが、個人的な意見としては特に変わらないと思っている。仮になくしたとしても、卒業したからこそ見える景色もある。それを使ったお笑いができるという考え方もできるが、これも個人差がある事だろう。

もう童貞である必要はない？

誰かが童貞を捨てても、誰かに影響を与える事はないのが普通だ。

しかし、それがバキバキ童貞であれば話は別だ。

ネットミームから出発したが、今や唯一無二の童貞としてキャリアを構築し続けている。バキ童チャンネルでも「自分の童貞でスタッフを食わせている」と言っているシーンが何回もある。

周りの人間の生活を支えるために、自分は童貞である事を強いられている。悲しい宿命を背負わされていると思っている人もいるだろう。

本人もかなり苦悩しているようである。

「本当はもう童貞である必要はないのかも知れないですよね。うすうす分かっていますよ。性経験の有無なんて関係なく動画を楽しんでますって言ってくれる方もいる。

そもそも〝異性と付き合いたいのに付き合えない〟って存在じゃない時点で童貞としての賞味期限は切れちゃってますからね。別にモテやしないけど、お金を持ってるからなんとでもなるでしょって思われてる。

〝スタッフの食い扶持のために卒業できなくなった〟って、ヘンだもんな。消費期限切れで、冷蔵庫の中で腐ってるのを通り越して発酵しちゃってる。別の食い物になってる。ねばねばの童貞納豆ですわ。

挑戦しないとダメですよね。実際のところ、チャンネルの方向性はだんだん脱・童貞へシフトしていると思います。意図したというよりは、自分の興味のある事をやっている間にそうなっているんですが。カカロニの栗谷さんも潔く卒業したもんなぁ。すごいよなぁ。でもずっと童貞でいようねって誓い合ってたのに。ズルいよ。マラソンで一緒に走ってたのにゴール前でダッシュする奴みたいだ……。何回同じ思いをするんだろう……」

最初は分かりやすい童貞の芸人としてメディアに出る事も多く、ＹｏｕＴｕｂｅも童貞を活かした企画が多かった。

しかし、今やもう童貞という枠を超えた、ぐんぴぃという一人の芸人として仕事を全うするゾーンに入ってきている。

それは、特にここ一年ほどでドラマに出演し、レギュラー番組も始まり、映画の主演を張り、キングオブコントも準決勝に行った。「童貞だから食えている」と誰からも揶揄されないような活躍ができているからだろう。

それに加えて相方の土岡の活躍もある。

「２０２４年は土岡の年だって言っていたんですよ。今までそんな事なかったのに、僕より土岡の動画や投稿の方が伸びる事もあって。こんな事になってるならもう大丈夫かっていう漕ぎつけた実感があります」

　もはやバキ童のコンビではなく、春とヒコーキとして確実に知名度も人気も仕事も得ている。

　こうなってきたら、もういつでも童貞を卒業する事もできる……と思うが内情はそう単純ではなかった。

童貞卒業への道

　童貞を卒業する事に関して「仕事がなくなる」という重大な心配はなくなったが、かといって自分から童貞卒業に向けて積極的になる事はない。

「女性と何をしゃべっていいか、全然分からないです。そういう意味では女性を怖がっているのかもしれない。それとは別に、正直好意的な方も稀にいらっしゃるんです。極論なんですけど、自分を好きって言ってくる人が嫌なんですよね。本当に失礼なんですけど自分に来ている時点で〝きっと大した事ない人なんだ〟って思っちゃうんですよ。自分から女性に向かって積極的にアプローチする事もないし」

この考えは女性に限らず、色んな方向で思っている。

「自分を褒めるって事は大した事ない人間だ、とか、自分でも住めるならこのマンションは大した事ないな、とかまで思いますね。かなり最悪な拗らせ方をしていて、自分でも嫌になります」

まるでウディ・アレンの映画の「私を会員にするようなクラブには入りたくない」という台詞のようだとぐんぴぃは語る。

それは「自分を好きになれない」という気持ちが原因になっていると分析している。

自分の事が好きではない。むしろ嫌いだから、自分を褒める人の事も無意識に下げて見てしまう。誰も幸せにしない考え方だと理解はしているから、今は直そうとしているところだという。

芸人が自分の力を発揮するための格言がある。

「舞台を下りたら自分が一番下手、舞台に上がったら自分が一番上手いと思え」

ビートたけしの発言らしい。ＹｏｕＴｕｂｅ　ＳｈｏｒｔｓのＡＩが喋るタイプの動画で知ったこの言葉を、ぐんぴぃは大切な舞台の前で反芻する。

普段は自分のことをつまらないと思っているが、キングオブコントの準決勝の出番前は「今はキングオブコント準決勝まで来ている。この出演者の中だったら、もう食えているし、ネットでの影響力もあるし、正直一番稼いでいる。大丈夫だ。自分が一番面白い」と、自分の良いところを殊更に列挙して舞台で力を発揮できるように考えていた。

「その考え方を普段からやっておけば自信もついて恋愛も上手くいくのかもしれないけど、それをすると自信過剰な人になってしまう。天狗（てんぐ）やナルシストにだけはなりたくない」

自信家に対して途方もない嫌悪を感じるという。強迫観念のようでもある。

父親の影響だった。

「僕の父親は人間として劣悪だし、尊敬する点が一つたりともない存在です。常に殴られて生きてきました。金属バットを振り下ろされたこともある。それで骨折させられたこともあるし、連れて行かれた病院で〝自転車で転んだ〟と父を守る嘘を言わされたこともある。

一つも尊敬できなかった。にもかかわらず父は強烈なナルシストだった。俺は偉いと言って憚(はばか)らない男だった。一挙手一投足、自慢がつきまとう。仕事の自慢、武勇伝、すれ違ったことがある芸能人との交友録。クイズ番組で正答したら博識だと逐一鼻を高くし、大学に行ってないが地頭は良いと語り出す。母親の手料理に調味料を足し、美味しくなったら俺のおかげだと豪語する。

父は思い込みが激しくミスも多いのだが、指摘すると激昂するため家族は皆〝はいはい、あなたは凄いですね〟と答えるようになる。

敬意を持てない相手に延々と自慢される行為は、精神をやすりのように削っていく。母は擦り切れてしまった。あらゆる自慢話に拒絶反応を示す。僕は母に自慢する行為をやめた。稀に自慢話をすると〝お前は親父に似てきた〟と必ず言われて、体の奥から寒気がするからだ。

本当は褒めてもらいたかったかも知れないのに。自慢しなくても褒めてもらえるほど偉くなればいいんだろうけど。でもそんな良い子でもなかったから、自己評価を下げることを選んだ。自分に自信を持たなければ、自慢したいなんて気を起こさないから。自己評価の低さが童貞に繋がっているのは理解している。でも魂の形がこうなってしまっている気がして、どうしようもない。父親のようにはなりたくない」

そして自己評価の低さは、自意識過剰にも繋がる。躊躇するようになる。

バキ童チャンネルのとある動画で、ぐんぴぃが共演者に「自意識過剰じゃない？」と言われて、それに言い返すシーンがあった。

「俺は顔がキモいんですよ。顔がキモいからちょっと何かやったら異性に不快に思われてしまう。だから常に相手の迷惑にならないことを念頭に置いて行動している。あなたはたまたま顔が良く生まれたから考えなくて済んでいるのに、なんで考えなくてはいけない人にそれを言うのか意味が分からないし、自分がそれを考えなくて済む事を喜べばいいじゃん」

　この動画のコメント欄に「隣の女子が消しゴムを落としたから拾ってあげたら、その子に〝謝れ〟と言われた。俺はそういう世界に住んでるから分かるよ」という旨のコメントがあった。そういう世界は確実に存在している。

　自分に自信が持てないし、自意識過剰に生きてきた。
　考えずに生きていけたらどれだけ幸せだろうか、とも思う。

　朝井リョウの『正欲』という小説がある。
　社会のマイノリティや多様性を鋭く描いているこの小説には「絶対に他人には理解してもらえないであろう」性的指向を持つ人物が登場する。
　そして、「理解されないし、されなくてもいい」という生き方を続けてきた登場人物が同じ性的指向で同じ考えを持つ者に出会う。

「この世界で生きていくために、手を組みませんか」という台詞が作中にある。

この言葉で二人は結婚するのだが、これは甘ったるいプロポーズの言葉なんかではない。文字通り「生きていくため」の、死なないための契約だ。

「一緒に手を組んでくれる人じゃないと、結婚なんて無理だろうな。その相手を見つけられるかどうかですね」

何がだよ

「お金のためだけなら、こんな事してないよなあ」

バキ童チャンネルの撮影を終えたぐんぴぃは、わたしに向かってそう言った。

その日はわたしも交ぜてもらって、スケベ大学学長のリップグリップ岩永さんとスケベなゲームを持ち込んできてくれたゲストと共に撮影を行った。

朝早くから集まり、卑猥な単語を並び立ててゲラゲラ笑う成人男性の集団。

通行人に聞かれていない事を祈る。

岩永さんは「もうどうなってもいい！」と言った後、人前で言ってはいけないに決まっている単語を叫んでいた。いいわけないだろ。最高に面白かった。

単語が書かれたカードをランダムに配られ、おちんちんの短歌を作るという企画。

わたしの短歌が褒められた。

「これは、良いおちんちんですねえ」

その瞬間は、めちゃくちゃ嬉しかった。自分が苦労して生み出したおちんちんを褒めてもらえるのってこんなに嬉しいんだ！　頑張って良かった！

けど、冷静になった今、思う。

「何がだよ」

遅れて参加してきたスタッフに、ぐんぴぃが声をかけた。

「今、性癖を叫びながらトントン相撲をやっているんだけどさ、入ってくれない？」

「いいですね」

即答してすぐに性癖を叫んでいた。

「今からご飯にでも行かない？」

「いいですね」

ぐらいのテンションで事が進んでいた。なんでそんなすぐに適応できるんだ。

白熱した戦いにみんなが息を呑む。決着がついて歓声が起こり、すぐに両者の健闘を讃えた。

「いやー、素晴らしい試合だった」

「白熱したね」

自然と拍手が起こる。まるで本物の相撲の取り組みで、この瞬間に新横綱が誕生したかのようだった。

実際は大人が性癖を叫んで痴態を晒しただけだった。言うなれば二人とも敗者だ。

でも、あの時の熱い気持ちは本物だと思う。

わたしはトントン相撲で負けた時「自分の性癖が負けてしまった……」と項垂れてしまった。本気で悔しくて、自分の好きなものたちが丸ごと否定されてしまったような気分になった。かつて自分たちを救ってくれた作品、キャラクターの顔に泥を塗ってしまった。

「俺が弱いばっかりに……。みんな、ごめん……」

振り返って思う。

「別に泥塗ってないよ」

「ただ、トントン相撲で負けただけだよ」

「ていうか、これ何やってんだよ」

冷静になったら終わりだ。

夜、眠れなくなった。

ベッドに横になりながら、ボーっと色々な事を考える。

30歳を超えて同級生はどんどん会社で出世していく。

結婚して子供が生まれて家を買ったという話も聞いた。

ついこの間まで、小さい劇場でライブに出ていた芸人が賞レースで結果を残して、一瞬で華やかなテレビの世界で活躍している。

通帳を見てため息をつく。

どうやって生きていけばいいのか分からなくなって、でも、どうしようもなくて、頭を抱える。

そんな事を考えていると、また眠れなくなる。

以前、眠るコツを調べていたら「ハンモックに揺られているところを想像する」と書いてあった。

実践してみたが、上手くいかない。ハンモックなんて実際に見た事がない。

これはわたしが生み出したライフハックだが、眠れない時はとにかくスケベな事を考えた方がいい。

今まで見た映像でも漫画でもなんでもいいが、詳細に思い出す。そうなると頭が空っぽになって、いつの間にか夢の世界に行ける。お試しあれ。

起きても状況は何も変わっていない。

また今日も何も変わらない一日が始まる。

現実の事を考えると辛くなるが、こんな時、自分が芸人で良かったと思う。

舞台に立てば「どうやってこの場を面白くするか」しか考えなくていい。その結果はウケるかスベるかの二つしかない。シンプルでいい。

ライブが終わっても、勿論状況は何も変わっていない。

「こんな事を繰り返して意味があるのか」という言葉を「こういう日々の積み重ねが大切なんだよ」に置き換えようとして、やめる。

意味とか、なんのために、とか面倒くさい。

今日が楽しかった。それだけでいい。


「こんな動画、収益化されるわけないよ。でも別にいいんだよ」

ぐんぴぃは楽しそうだった。

後から振り返って「何がだよ」と思うような事ばかりで別にいいんだ。

今、目の前を全力で楽しめればそれでいい。

願わくば、これからも、ずっと。

相方・同期・スタッフ
特別座談会！

Baki Baki DT
Channnel
ZADANKAI

谷口つばさ（同期）

土岡哲朗（相方）

馬肉かなめ（バキ童チャンネルスタッフ）

FAN（バキ童チャンネルスタッフ）

Tetsuro Tsuchioka × Tsubasa Taniguchi × Kaname Baniku × FAN

※座談会撮影：編集部

「オランダの40秒」の別視点

谷口　この本は「オランダでエラさんが帰る時に、ベルトが外れた40秒の場面」から始まっているんですけど。

FAN　あそこから（笑）

谷口　あの時の事は覚えていますか？

土岡　僕は気まずいとは思ってなくて、「これは介入する事ではない」という感じでしたね。

馬肉　あの時エラさんまで10mぐらいあって、動くのに勇気がいる距離だったんですよ。もっと近かったら動けたかも知れないけど、少し躊躇しましたね。

谷口　これは新しい視点かも知れない。シンプルに物理的な距離。

土岡　そうですね。40秒って時間ばかりに目が行っていたけど。

谷口　まさか距離もあったとは。

馬肉　「40秒と10m」だったんだ。

全員　（笑）

FAN　僕は映像をざっくり編集したところからチェックで見て。「あのシーンをそのまま出すのは視聴者がしんどいんじゃないか」という意見もあり、スタッフ間で「もうちょっと縮められませんか？」「いやもうちょっと延ばそう」みたいなせめぎ合いがあった事は覚えています。結果的に割とそのまま載ってましたね。

谷口　でもあれがある事によって視聴者も気まずさを体験できるし。

FAN　そうですね、貴重な映像にはなったと思います。

谷口　コメント欄にも結構色んな意見がありましたね。

土岡　「エラさんを全然エスコートできてない」みたいな童貞性にイラつく人とか。

谷口　変な光景でしたね。「童貞です」って言ってるのに「こいつ童貞じゃねえか」って。

全員　（笑）

FAN　確かに。普段はあまり童貞の感じが出ていないし、「これだけしゃべれるんだから童貞じゃないでしょ」とか言われるけど、本当の部分が出た事による反応なのかな。

土岡　『笑点』で三遊亭小遊三（さんゆうていこゆうざ）師匠が楽屋泥棒キャラみたいな感じになっているけど、「本当に楽屋泥棒やっていたら違うよ」みたいな。

谷口　ああ、なるほど。キャラだと思って笑っていたのに、本当の部分見せられると違いますよね。

「これ残したんだ」が多いバキ童チャンネルの編集

FAN　チャンネルに関わるようになってびっくりしたのが、企画を投げてぐんぴぃさんが「いいね」ってなったらすぐ撮影に入る事でしたね。タイトルしか書いていないのに、勢いでやっちゃおうみたいな。そのなんでもやっていい感が、凄い楽しかったです。

馬肉　熱量で撮ってくれるし、スタッフもオチとか用意していないから、そこを成り立たせるのがぐんぴぃさんとか土岡さんの力でもありますよね。

FAN　本当にあり得ないぐらい台本がないですからね。だからこそ、こんな方向に行くんだ、みたいな動画が生まれるのが僕は好きで。

谷口　なんとかオチをつけようとすると、ツッコむ土岡さんは大変じゃないですか？

土岡　そうですね。たまに僕が無茶ぶりされた時に、僕が暴れる側に回ったから誰も落とせる人がいなくて。猫ミームの真似をさせられた時も、ぐんぴぃと町田がぽかんと見ていて落とそうとしていませんでしたね。

FAN　でもオチをカメラ外からツッコむのも変だなっていうのもあって。スタッフは介入できないから「何とか終わらせてくれ」ってなりがちではあります。

馬肉　あとは、編集で面白くするのは最初から極力減らす方向でしたね。

土岡　ツッコミテロップとかね。

谷口　確かに他のチャンネルではたまに見るけど、それはないですね。

馬肉　だから、より自分たちで終わらせないといけない。編集は整えるだけなので。

FAN　初めて編集に入った時、編集指示がそんなにないのが意外でしたね。「ここはこういう順番にして」とか綿密にあるのかなと思ったら意外となくて。ぐんぴぃさんとかチャンネル全体の方針で「編集は上手い人より面白い人の方がいい」「現場で撮った面白いものをちゃんと残してくれる人がいい」とよく言っていて。その方針だから、チャンネルが面白くなり続けているのかなと思いますね。

谷口　土岡さんは編集で「これ切ったのか？」と思う事はありますか？

土岡　「これ切ったのか」はあまりないけど、逆に「これ残したんだ」はめっちゃ多いですね。

全員　（笑）

FAN あと、ぐんぴぃさんは常に引いて見てるイメージがあって、全体を見たうえで動いている。そういう意味で、バキ童チャンネルの動画は理知的に作られていると思います。

谷口 確かに。ただ真っ直ぐ突っ走るだけならぐちゃぐちゃになっちゃうしね。

FAN そのうえで展開を作ったり急に切り込んだりするパワーがあるのも凄いですね。

「ぐんぴぃとピーター博士」は「のび太とドラえもん」!?

土岡 最初、ピーターと会った時は芸人を見て「コメディアンの感覚ではそうなんだね」と興味深そうに言っていたんですけど、何回目かに会ったらそれを完全に理解していて、本当に賢い人だなと思いましたね。あと、出会った頃よりどんどんタガが外れていって。最初はやっぱりぐんぴぃやレンタルぶさいくさんをいじったら傷つけちゃうし、外側の人からの見え方を気にしていたけど、信頼関係ができてからは「こうやった方が面白くなるし、本人もそれを望んでるじゃん」と察して、ガンガンいじるようになったりしてますね。

全員 （笑）

土岡　凄いなって思ったのが、キモシェアハウス解散ライブにピーターがビデオ出演した時。一人一人を分析的にいじる漫談みたいになっていて。あんなに遠慮していたピーターがガンガンいじってウケているのを見て「芸人だな」って思っちゃいましたね。

馬肉　僕は、世界的に見て賢いってこういう人だなって思いますね。ピーターの人間性が魅力的というか。茶目っ気があったり愛嬌があったり、僕らが自然に話せる人間味がある人だなって。「頭良すぎてとっつきにくい人だな」ってならないのは、人間味が前面に出ているからだなって思いますね。

FAN　僕が思うのは、母国語じゃない日本語が間に挟まってるからコミュニケーションが取れてる感じがあって。母国だともっとヤバいんじゃないかって。ピーターの脳が直で言語化できるとさらに凄いんじゃないかと思う時はありますね。でも上手い事コミュニケーションを取れる人ですよね。僕は一応東大を出ていて天才と接する機会も多かったんですけど、頭の中が凄すぎて何も伝えられていない人って本当にいるんですよ。高校時代、ずっと数学の問題を考えていたけど凄すぎて先生にも伝わらない、みたいな人がいたり。天才にはそういうタイプが多いと思ったんですけど、ピーターは自分から飛び込んでもいくし、吸収するし、言葉を選んで表現するのも上手いし、かなり珍しい。そこが両立するのは凄い人だなって思いますね。

谷口 バキ童チャンネルの放送作家である山田ボールペンさんは、「最初は純真な方だったのに、キモシェに住みガクヅケの木田さんと触れ合ってしまったことで、とんでもなく性根の腐った極悪人になってしまった」って言っていましたね。

馬肉 たしかに皮肉を覚えたのは木田さんのせいかも。

土岡 木田さんで言えば、「歯クソサワー」っていう一人の芸人さんの身に起きたちょっとしたエピソードを、色んな人が落語みたいに話すという動画をＹｏｕＴｕｂｅに上げていて、それをピーターが木田さんに見せられたんですよ。で、ある日僕らがピーターとＹｏｕＴｕｂｅを撮っている時に、撮影とは関係ない歯クソサワーの話を延々されて。僕らは興味がないって言っているのに「歯クソサワーは凄いんだよ」ってずっと話すから撮影も押しちゃって。スウェーデンから日本に来た学者さんが芸人たちと触れ合っているからでしょうけど、目に映るもの全てが日本のお笑いのメインストリームだと思っちゃってる節があって。

谷口 歯クソサワーも「M-1グランプリ」ぐらいの事だと思ってるかも知れない（笑）。

土岡　全部を同じ尺度で扱うっていうバグが起きているかも知れないですね（笑）。

谷口　今となっては、もうバキ童チャンネルと家族ぐるみの付き合いですよね。

土岡　そうですね。こんな事になるなんて思っていなかったなあ。最初はやっぱり距離もそうだし、分野としても遠い人だと思ってたし。変な縁ですよね。二人の間に色々あったけど「結局何になったんだ」って言われたら「友達ができた」って事でしかない。それも幸せな事だなあって。

馬肉　よくポケモンのミュウツーと博士の関係って言われてますけど、僕はのび太とドラえもんの関係性だなって思っていて。ドラえもんが来て未来が変わるみたいな設定はあるけど、見ている人はそれよりも「のび太とドラえもんって友達じゃん」という感じがあって。それがバキ童チャンネルに近いなって。

土岡　わざわざ来て押し入れで寝るのも全く一緒だもんね。

谷口　確かに（笑）。なんか見覚えあると思ったら「ドラえもん」をやっていたんだ。

土岡　今後二人の関係性が大きく変わる事はないと思うから、ぐんぴぃが芸人としてもっと売れてとか、ピーターも子どもが成長してとか、お互いにそう言う事があったら「良かったね」って連絡を取り合うのがずっと続くんでしょうね。

FAN　童貞研究って終わりがないじゃないですか、ジャンル的には。そこが切れないままでずっといられるのも良いなって思うし。おじいさんの二人を見たいですよね。

谷口　確かに、それは見たいなあ。

土岡　あと結局「童貞研究」というものが何なのか僕らもいまいち分かっていなくて。

全員　（笑）

土岡　本当にそんな世界は存在しているのか？

FAN　本当は全部ないかも知れない（笑）

谷口　ピーターは嘘をついていて研究もしていない、クレイジーな人の可能性もある（笑）

土岡　研究っていうのが今後どれぐらい影響力を持つのか、何かの役に立つのか、研究の行く末も気になりますね。

まだ言語化されていないセクシャルマイノリティの可能性

谷口　バキ童チャンネルでスタッフだけの回があったじゃないですか。あの時も童貞の話題が出たと思うんですけど、そこから変化ってありましたか？

土岡　自分の童貞を俯瞰で見始めてる状態に入っている気がしますね。芸人とかバキ童チャンネルのタイミング的にどうなのか、とか。それを考えているうちは童貞なんじゃないかなって思っていて。「誰も俺の童貞なんて気にしないか」ってなった時に卒業できるっていうか、童貞から解放されるみたいなフェーズに入るんだと思うんで。

FAN　もう童貞を卒業する・しないとか考えてない気もするんですよね。どうでもよくなってるわけじゃないけど、一番に自分に関わる事なのに近すぎて見えないみたいな。卒業に向かっているかいないかだけで考えると、外から見ている分にはマジで変わってないと思うんですよ。

馬肉　視聴者の方と会う機会が増えて、少し前までは「わたしぐんぴぃさんとセックスできます」って言ってくる人もいたんですけど、今は全くいなくて、「本当に面白いです」って人しかいない。視聴者の考えも変わってきていますね。童貞だからどう、とかではなくて、面白いだけで見ているか、童貞に関しては無関心な人ばかりなのか。童貞を狙う人もいなくなってきています。

谷口　もうDMとかも来ないのかな。

土岡　前より何にもなさそうですね。

FAN 冗談でも言う人が少なくなってきている感じはしますね。以前は本気か本気じゃないか分からない人がいた気もするけど。

馬肉 童貞じゃないって思っている人も全然いますよ。

谷口 確かに聞かれる。「バキ童って本当は童貞じゃないでしょ？」みたいな。

馬肉 逆に卒業した時にそんなに反応がなくて、虚無になってしまう可能性もある。

谷口 「ずっと嘘ついていたけどようやく言う気になったんだ」って。

馬肉 もしかしたら、まだあまり言語化されていないセクシャルマイノリティの可能性もあると思うんですよ。周りの童貞とか異性愛者の考えに影響を受け過ぎちゃっているだけで、実は本人もよく分かっていない何かがあるんじゃないかっていう。

谷口 なるほど。あまりにも童貞と合致し過ぎているから童貞だって言っちゃってるけど、本当は性に対して全く別の考え方を持っているかも知れない。

馬肉　それを発信している人もいなくて。「俺もこれだ」ってなると安心するじゃないですか。でもそれもないから、童貞ってレッテルで歩んでしまっている。

谷口　そっちの方が安心するっていう。俺は童貞なんだって思った方が。凄い話だ。ピーター博士が喜びそう。

全員　（笑）

土岡　だとしたら、童貞を卒業しても結局何も満たされないってことですよね。

谷口　そうですね。でも僕も自分の性的指向って実はよく分かっていないってずっと思っていて。一応、異性愛者って言ってるけど、同性に心揺さぶられないとも限らない。たまたま出会ってないだけとかもあるから。

FAN　そうですよね。そこは外的要因でしか知りようがないから。

土岡　ふと思ったのは、対象が異性なのか同性なのかそれ以外なのかは分からないけど、「相手」だけじゃなくて、「自分と相手」の行為だから自分も含まれるんですよね。自分をどう見ているかって事も関係して

るんだ。

谷口 自分の事が嫌いだったらそれは大変そうですよね。

FAN それもあって自分を排除できるエロマンガを好きになっているのかも知れない。

谷口 さっきも話したけど、ぐんぴぃは俯瞰で見るのが上手いから、そういう視点をエロでも持っているのかなって。

FAN 確かに俯瞰で見ると自分がいますからね。見えちゃう。

土岡 自分が誰かとセックスしている事が、「そんなわけない」ってなっちゃうんですかね。

ぐんぴぃの幸せはどこにあるのか

谷口 以前、ぐんぴぃは「レイヤーがいっぱいある人間」って話をしたんですよ。一番奥に闇があるんじゃないかっていう。

土岡 なるほど。見た目のファニーさでそういう人なのかなって思われて。で、まあファニーから一歩行くと、笑えるキャラとしての陰キャ感とかヘタレ感みたいなものがある。例えばぐんぴぃが落ち込んだりイライラしたり、ネガティブな状態になることもあるじゃないですか。それを切り替える時、僕から見ていると、スキップしている感じなんですよね。落ち込んだ事にちゃんと向き合って直すというよりは、飛ばして切り替えてファニーに戻しているみたいな感覚があって。根本の解決がいつもできずにいて、でも切り替えないと事が進まないから無理やり切り替えている。でも負の感情の方は解決できていないからどんどん大きくなってしまうのかなと。これはどうなんですかね……。何がどうなったら幸せに向かうのか。

谷口　ぐんぴぃにとっての幸せはどこにあるのか。まあ、余計なお世話ですけど。

全員　（笑）

谷口　もしくは今が一番幸せで、これをずっと続ける事が幸せな人生なのかも知れないし。

FAN　お笑いの面では幸せなのかな。

谷口　ぐんぴぃに恋愛の話とかしないですよね？　まあ、バキ童チャンネルにはいないか。「彼女できたんですか？」なんて聞く奴は。

全員　（笑）

谷口　自分の恋愛事情も言わないか。

土岡　そうですね。なんとなくみんな把握しているけど。

FAN　その話題を広げる事もないですし。

谷口　そもそも恋愛に興味がないのかな。

馬肉　そうかも知れないですね。性欲はあるから話せるし笑いにも繋がるけど、笑いに繋がらないし興味も経験もないからか、恋愛の事はあまり話さないですね。

谷口　本当にどうでもいいと思っているのか。

馬肉　そっちかも知れないですね。結婚とか子どもの話はまだするじゃないですか。でも恋愛の話は本当にしない。

土岡　うん、そうだね。

谷口　それは大学時代から？

土岡　そうですね……。たしかに大学の頃は僕もそうだし周りも童貞率が高いコミュニティだったから。どんぴいの恋愛話って、大学の時に好きな人に告白して大嫌いって言われたっていうのだけで、それ以降は聞かないですね。僕もあまり把握していないけど。好きな人がいるみたいな事はそれ以来聞いていないので。

谷口　でも別に、絶対に恋愛しろよとも思わないし。

FAN　恋愛至上主義でもいいし、横にいて楽しい人が女性じゃなくても、友達としてガハガハ笑っていられる人といる事が一番幸せかも知れないし。それで良い気もするんですよね。「男女が恋愛して結婚する事が普通」という環境で育ってきちゃったけど、単純にそうじゃない人もいると思うので。その状態でも、その人の幸せを見つけられたらいいと思うんですよね。ちょっと今は童貞を大きく背負い過ぎている気がしますね。

谷口　結局そこになってくるのか……。

FAN　お笑いは好きだし面白い事も好きだし。撮影の日とかたまに「今日は凄い良かった！」「面白いものがいっぱい撮れた！」って凄い嬉しそうにしている時がある。そこが根っこにあるんだろうなと思いますね。

Outroduction おわりに

ピーター博士は悪友だ。

彼は冬になると暖を求めてスウェーデンから来日するので、その期間はいろんな場所に一緒に足を運ぶ。

疑似恋愛の研究だなんだと理由をつけて、一緒にコンカフェに行った時のことだ。コンカフェに明るくない僕らはアキバの裏道にある怪しげな店に入ってしまった。メニュー表には15万円のシャンパンが載っており、ぼったくりバーをコンセプトにしたカフェだと悟り絶望した。嬢との会話は盛り上がらなかった。

隣に目をやると、僕を20年ほど熟成させた風貌のおじさんがいた。相手をしているのはレスラーぐらいガタイのいいコンカフェ嬢。おじさんは高額のシャンパンを注文した。きっと無理して頼んだに違いない。すると巨体コンカフェ嬢が、どういうわけかそのシャンパンをラッパ飲みし始めた。グビグビと怒濤の勢いで、味わう素振りすらない。まるでおじさんの命そのものを喉を鳴らして飲み干しているようにも見えた。

グロテスクな気配すら漂う一連の光景に僕はたまらずニヤついてしまった。ふとピーター博士を見ると、楽しくてしようがないといった具合に、笑いを堪えて震えていた。

8000km離れた先にこんなに気の合う悪い奴がいるとは思わなかった。

想定より自分の事が書かれた本になった。

理想をいえばピーター博士の研究内容についてもっと割きたかったが紙面が足りなかったし、専門的な分野のためまだ時間がかかるのだろう。その分ピーター目線でここ数年のバキ童現象を見直すこともできた。

彼がスウェーデンで出版した童貞研究の本が和訳されるかも知れないらしいので、楽しみにしている。なんでもバキ童が主人公で、レンタルぶさいくが悪役で登場するらしい。どういう本だよ、ワクワクしちゃうよ。

取材、ライティングの谷口つばさにも感謝する。彼じゃなければ書けない文章だった。かなり修正させてもらったが、粘り強く最良の文章を打ち返してくれた。ピーター博士、谷口つばさと一緒に仕事ができたことは誠に光栄です。

そしてこんなわけの分からない本を買って読んでくれたみなさんに感謝します。書店のレジに持っていくの、恥ずかしかったでしょう。エッチな本を買う時にありがちな「まじめな本と本の間に挟んでレジに持っていく」テクを久々にやらせてしまったかも知れません。

願わくば、本書をサンドイッチした2冊があなたにとって大切な本になりますように。ではまた。

ぐんぴぃ

谷口つばさ

1993年3月7日生まれ、福井県越前市出身。東京学芸大学教育学部卒業。同大学のお笑いサークルGOCを経て、2017年にフリーのピン芸人「レッドブルつばさ」として活動開始。2023年1月に「赤ノ宮翼」、同年3月に「谷口つばさ」に改名した。さとなかほがらか、徳原旅行とのユニット「ほがらかつばさ旅行」としても活動中。著書に『あかつきの町』『一生LOVE宣言』（原案協力）などがある。

ぐんぴぃ（バキ童）

1990年3月31日生まれ、福岡県北九州市出身。青山学院大学経営学部卒業。同大学の落語研究会の後輩だった土岡哲朗と2017年に「春とヒコーキ」を結成。主にボケ担当。2019年4月9日、「ABEMA NEWS」の街頭インタビューに答えた様子がSNSで拡散し、「バキバキ童貞」としてネットミーム化する。YouTube「バキ童チャンネル」は登録者数180万人を突破。

上田ピーター

1985年スウェーデン生まれ。スウェーデンと日本で活動している医師。カロリンスカ研究所助教授、東京大学大学院医学系研究科客員研究員。専門は臨床疫学、薬剤疫学、公衆衛生学。医師として働くかたわら、日本の異性間性交渉の実態を明らかにした研究を進め、各国のメディアに数多く取り上げられ注目を集めた。著書に『Man gar sin egen vag』がある。

本書は書き下ろしです。

博士の愛したＤＴ

2025年２月26日　初版発行
2025年５月５日　３版発行

著者／谷口つばさ

監修／ぐんぴぃ（バキ童）　上田ピーター

発行者／山下直久

発行／株式会社KADOKAWA
〒102-8177　東京都千代田区富士見2-13-3
電話　0570-002-301（ナビダイヤル）

印刷・製本／株式会社ＤＮＰ出版プロダクツ

本書の無断複製（コピー、スキャン、デジタル化等）並びに
無断複製物の譲渡および配信は、著作権法上での例外を除き禁じられています。
また、本書を代行業者などの第三者に依頼して複製する行為は、
たとえ個人や家庭内での利用であっても一切認められておりません。

●お問い合わせ
https://www.kadokawa.co.jp/（「お問い合わせ」へお進みください）
※内容によっては、お答えできない場合があります。
※サポートは日本国内のみとさせていただきます。
※Japanese text only

定価はカバーに表示してあります。

©Tsubasa Taniguchi, Gunpee, Peter Ueda 2025　Printed in Japan
ISBN 978-4-04-114290-5　C0095